AI视频制作——从入门到精通

何　静　戴田宇　编著

北京航空航天大学出版社

内容简介

本书是一本全面而实用的技术指南，旨在帮助读者掌握AI视频创作的核心技术与主流工具，降低视频制作门槛，让创意高效落地。在AI大模型飞速发展的今天，本书提供了从基础入门到进阶精通的学习路径，助力读者开启专属的视频创作之旅。书中深入解析AI视频生成的核心原理，详细介绍在线与本地部署工具的操作方法，包括Stable Diffusion WebUI、ComfyUI等前沿技术，以及Pika、Runway、PixVerse、Luma等热门AI视频平台；结合界面讲解、参数调整指南，帮助读者掌握文本生成视频、图像生成视频及风格转换等多种创作方式。此外，本书还探讨了AI视频在广告、影视、游戏等领域的创新应用，助力读者构建AI视频制作的核心竞争力。

本书适合视频内容创作者、设计师、营销人员及对AI视频技术感兴趣的读者阅读参考。

图书在版编目(CIP)数据

AI视频制作：从入门到精通 / 何静，戴田宇编著. 北京：北京航空航天大学出版社，2025.9. -- ISBN 978-7-5124-4597-0

Ⅰ. TN948.4-39

中国国家版本馆CIP数据核字第2025QH8370号

AI视频制作——从入门到精通

何 静 戴田宇 编著

策划编辑 杨晓方 责任编辑 杨 昕

*

北京航空航天大学出版社出版发行

北京市海淀区学院路37号(邮编100191) http://www.buaapress.com.cn

发行部电话：(010)82317024 传真：(010)82328026

读者信箱：copyrights@buaacm.com.cn 邮购电话：(010)82316936

北京雅图新世纪印刷科技有限公司印装 各地书店经销

*

开本：710×1 000 1/16 印张：11.75 字数：250千字

2025年9月第1版 2025年9月第1次印刷

ISBN 978-7-5124-4597-0 定价：99.00元

若本书有倒页、脱页、缺页等印装质量问题，请与本社发行部联系调换。联系电话：(010)82317024

前　言

人工智能的迅猛发展正在推动创意与科技的深度融合。AI视频生成技术的崛起,不仅降低了视频制作的门槛,更为创作者提供了全新可能。从过去依赖昂贵设备和专业团队的高门槛模式,到如今通过AI工具输入文字、图像或视频即可生成高质量内容,视频创作正在经历深刻变革。《AI视频制作——从入门到精通》正是基于这一技术跃进而生,帮助读者掌握核心技术与主流工具,构建从基础到精通的系统化学习路径,让每位创作者都能在AI视频创作领域找到自己的方向。

技术跃进:AI重塑视频创作

创意的实现往往受制于技术与资源,而AI打破了这一局限,为每一位创作者提供了广阔的"自由画布"。相比传统视频制作,AI视频生成在速度、效率和自由度上都有显著提升,制作流程也从烦琐的手动建模、渲染转向智能化、自动化的方式。如今,AI可基于文本、图像甚至音频生成逻辑连贯的视频内容,并能实现风格迁移、特效合成、自动配音等功能,极大拓展了创作边界。本书从理论基础出发,探讨AI如何重塑视频创作过程,并解析文本、图像生成视频等核心技术的实现路径。通过详细讲解引导读者从入门到精通掌握全过程,做到不仅理解技术原理,还能灵活运用不同工具,让创意高效落地。

工具解析:探索AI视频创作利器

技术发展推动工具迭代,而工具的普及进一步降低了视频制作门槛。在AI视频制作领域,各类生成式AI工具各具特色,为创作者提供了丰富选择。本书系统梳理并解析当前主流AI视频制作平台,包括Pika、Runway、PixVerse、Luma等在线工具,以及本地部署的Stable Diffusion WebUI、ComfyUI等。书中详细讲解了不同AI工具的界面功能、操作技巧和适用场景,帮助读者理解每种工具的独特优势,并提供针对性的参数调整指南。无论是初学者想快速体验AI视频生成,还是进阶用户要追求更高自由度的创作方式,本书都提供了清晰的学习路径与可操作的解决方案,让每位读者都能找到最适合自己的创作利器。

应用拓展:AI视频的创新实践

AI不仅是一项技术突破,更是一种全新的创意表达方式。在AI视频技术的加持下,创作者能在更短时间内完成更具创意的作品,释放灵感,实现更丰富的艺术表达。本书不仅关注技术与工具的应用，更探讨AI在广告、影视、游戏等领域的创新实践。从个性化广告智能生成，到影视场景自动渲染，再到游戏行业的动态环境创建，AI视频制作正逐步改变着创意产业。未来，随着硬件升级和算法优化，AI生成的视频内容将更逼真、更具逻辑，应用场景也将更加广阔。理解这项技术的底层逻辑，掌握AI视频制作的关键技能，无疑是未来创意工作者的重要竞争力。

未来展望：迈向AI视频创作新时代

《AI视频制作——从入门到精通》不仅是一本技术指南，更是一把开启AI视频创作大门的钥匙。其不仅帮助读者掌握AI视频的核心技术和工具，还希望能启发创作者思考如何在AI时代拓展创意边界。无论是初学者还是专业人士，本书都将成为探索AI视频创作的得力助手，助你在变革的浪潮中抓住机遇，实现更具创意的表达。

站在AI视频创作时代的起点，让我们一起踏上学习与探索之旅，每个人都可以成为视频创作的探索者和未来的塑造者。

受限于笔者的能力，本书如有不妥之处，恳请广大读者批评指正。

何　静

2025年5月

目　　录

第 1 章　AI 视频生成技术简介

随着深度学习技术的成熟，2022 年下半年 AI 绘画神器像雨后春笋般涌现出来。人们只需输入一段文字、图片或者视频，计算机中的 AI 程序就会通过提示词生成相应视频，如图 1－1 所示。在 AI 艺术创作工具出现之前，人类的图像创作需先在脑海中构思，然后通过画笔在草稿图上定形，再通过画师利用纸笔或数字绘画的方式产出内容。当 AI 绘画工具出现后，人类可以加速这一流程，在脑海中有了想法后直接与 AI 绘画工具沟通，让其直接产出绘画内容。虽然略过了专业画师作画的步骤，但借助 AI 绘画仍需具备一定的审美能力，个人审美决定其作品质量。

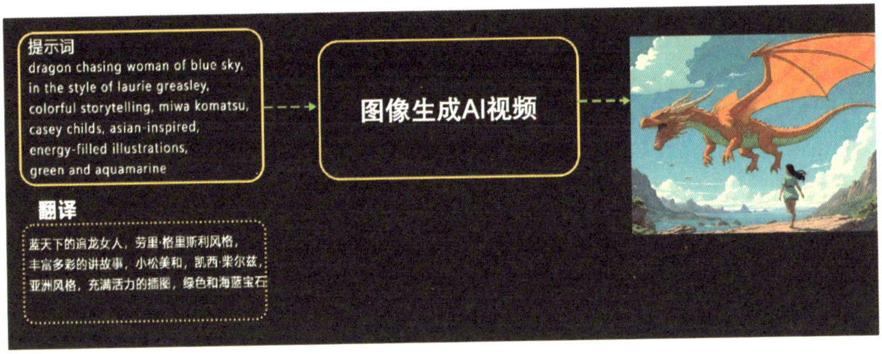

图 1－1　AI 通过提示词生成视频

AI 视频生成难度大于 AI 图像生成难度，图片间的内容连贯性需要优秀的算法支撑。接下来，本章将从视频生成技术的原理开始，帮助读者更好地理解 AI 视频的生成过程。

1.1　视频生成模型

视频生成模型是人工智能领域中一个重要的研究方向，其核心目标是通过自然语言生成对应的视频。自 2014 年深度学习算法横空出世后，计算机就可以用来识图了。例如给识图程序输入一张狗的图片，程序就会输出这条狗的品种名称。之后各种新的架构和方法不断涌现，文本生成视频质量和多样性达到了新的高度。文生视频和图生视频都会涉及 AI 模型，模型是数据接收与输出的地方，是经过上亿的数据训练出来的成果。本节将以时间节点梳理文本生成视频模型的发展历程，文生图与图生图模型是视频生成的基础，所以先介绍文生图与图生图的发展节点，最后引出文本生成视频的典型代表 Sora 文生视频模型。

1. 扩散概率模型(Diffusion Probabilistic Models, DPM)(2015 年)

Sohl-Dickstein 及其同事在论文 *Deep Unsupervised Learning using Nonequilibrium Thermodynamics* 中首次提出了基于非平衡热力学的扩散概率模型(DPM)，为生成模型提供了新的方法论。他们展示了如何通过逐步添加和去除噪声来进行无监督学习。扩散概率模型来源于生活中一个实际的扩散现象：在盛有纯净水的高脚杯中，滴入一滴墨水，墨水就会在水中逐渐散开，最后整杯水都会被墨水染成深色，如图 1-2 所示。

图 1-2　墨水扩散实验

可一旦过程反过来，给一杯被墨水染成深色的、浑浊的水，让这杯水还原成墨水滴入前的状态，这个操作在现实中很难做到，因为现实中的熵是不可逆的。但科学家通过研究发现，扩散这个过程是有规律的，也就是一个墨水粒子在下一个时间点出现的位置概率是遵循高斯分布的(在现实世界中很多数据是遵循高斯分布的，例如全世界人的身高统计数据)。道尔顿板经典实验就完美演示了高斯分布，如图 1-3 所示，板子反转后小球集体落下，小球下落每次撞到钉子就会随机向左右移动，最后大量小球掉落的位置分布就呈现出高斯分布曲线的形状。

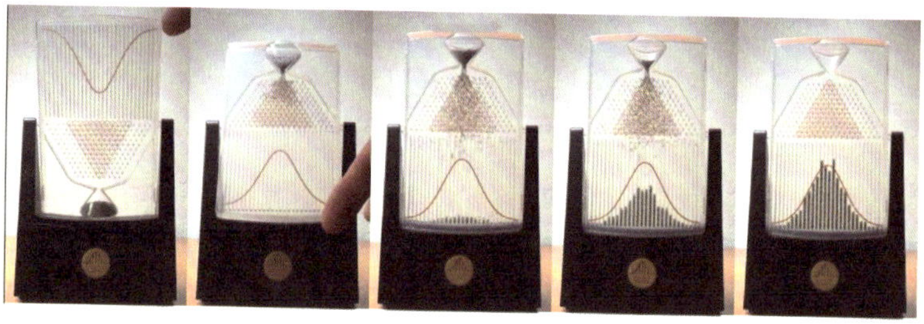

图 1-3　道尔顿板经典实验

更加巧合的是，如果时间间隔足够短，则墨水粒子在扩散中的上一个时间点的位置也遵循高斯分布的规律，如图 1－4 所示，这意味着从数字计算来看，粒子扩散现象是可逆的！虽然现实中时间是线性向前的，但在计算模拟上可以实现“时光倒流”。

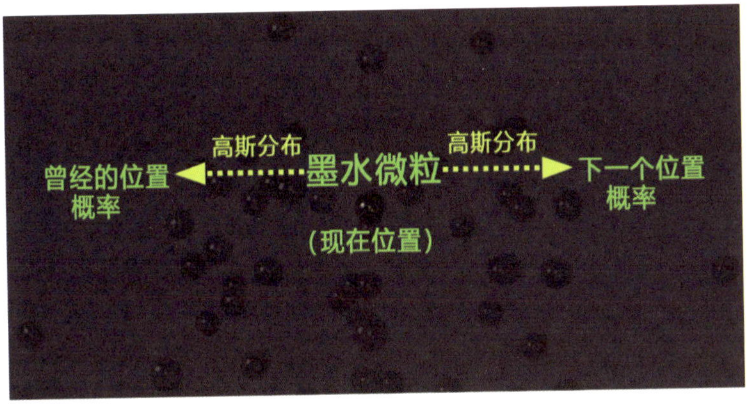

图 1－4 墨水粒子高斯分布概率图

高斯分布本质上是一个统计学中的出现概率问题，我们不可能确切知道每一个被墨水染色的粒子的位置，但可以预测大量墨水的运动过程。也就是说，在计算机模拟中可以实现墨水的反扩散，使得一杯被墨水染色的浑浊的水还原到墨水刚滴入时的状态，如图 1－5 所示。研究人员从这种自然扩散现象中找到了灵感，就有了后来 AI 中的扩散概率模型。

图 1－5 墨水反扩散示意图

2. 去噪扩散概率模型（Denoising Diffusion Probabilistic Models，DDPM）（2020 年）

Jonathan Ho 及其同事在论文 *Denoising Diffusion Probabilistic Models* 中提出了 DDPM，相较于 DPM 使用的固定扩散系数和手动设计的去噪过程，DDPM 引入了神经网络来参数化每一步的去噪过程，使得训练模型更加简单和高效，以此显著提高了扩散模型的生成图像质量。这篇论文是扩散模型发展的重要里程碑，奠定了后续研究的基础。

去噪扩散概率模型的训练过程建立在扩散概率模型的基础上，本质就是扩散技术的优化。在训练模型时，逐渐往清晰图像中添加噪点，让清晰图片像素点依据高斯分布逐渐扩散，类似墨水散开。噪点需要分多次添加，直到最后完全看不出原图，变成了全噪点图像。如图 1－6 所示，在一张清晰的火星机械仿生狗照片中添加噪点，直到生成全是噪点的图像。

图 1－6　给图片添加噪点

当让 AI 模型把这张全是噪点的图片还原成火星机械仿生狗照片时，AI 模型就会利用高斯分布与神经网络反向逐步去除噪点直至生成清晰照片，如图 1－7 所示，以此完成对 AI 模型的训练。

图 1－7　AI 模型训练中去除图片中的噪点

如此循环往复，利用世间万物的图片反复对 AI 模型进行训练，它就会像人一样记住很多知识。模型训练好以后，提示词输入："一只火星机械仿生猫"，AI 模型就会顺利画出这种类型的猫咪，就像人类学会了类比一样，如图 1－8 所示。

通过这个过程可以了解到，常说的模型扩散过程并不是扩散模型的生图过程，而是它的反向过程，即反扩散过程，这才是真正的生图过程。

3. 对比学习语言-图像预训练（CLIP）多模态模型（2021 年）

OpenAI 团队在 2021 年 1 月开源了新的深度学习模型 CLIP（Contrastive Language-Image Pre-training）。该模型使用大量图像与文本的配对数据进行预训练，以学习图像与文本间的对应关系。该模型的输入是一段文本或一张图像，输出的是文本或图像的向量表示。CLIP 可以决定图像与文字提示的对应程度，比如把狗的图像与"狗"这个词完全匹配起来，就可以把人类的提示词转换为机器语言。CLIP 广泛应用的原因是它内含了 40 亿个"文本-图像"训练数据，再加上昂贵的训练费用与

图 1-8 AI模型生成的火星机械仿生猫图片

时间，使得CLIP模型在"文本–图像"匹配这个领域成为最通用的模型。图1-9所示为CLIP预训练示意图。

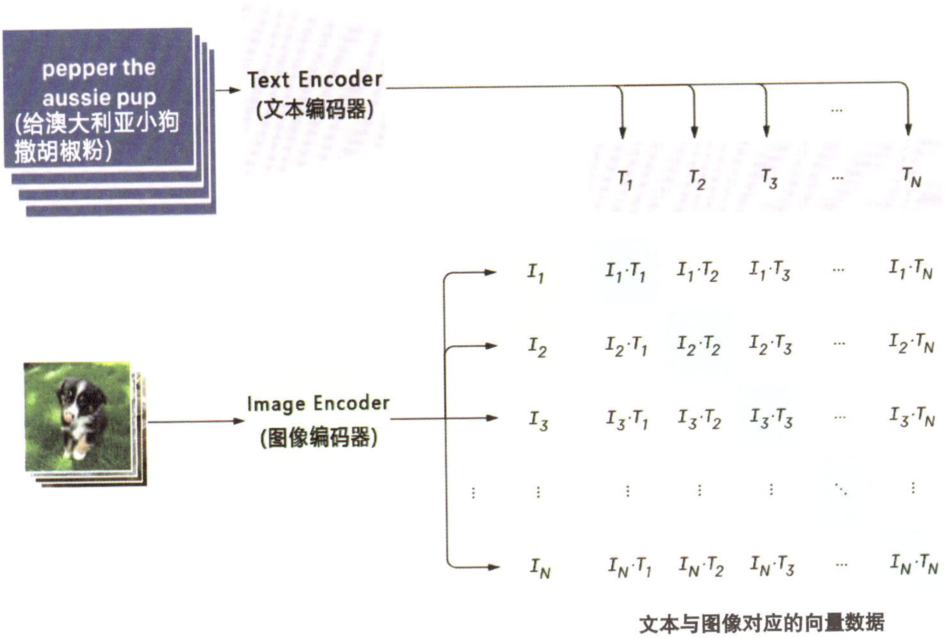

图 1-9 CLIP预训练示意图

4. 潜空间扩散模型(Latent Diffusion Model，LDM)(2022年)

AI视频剪辑技术创业公司Runway的首席研究科学家Patrick Esser，以及慕尼黑大学机器视觉学习组的 Robin Rombach 两位开发者在计算机视觉大会 CVPR22 上合作发表了 LDM 的研究。之前通过 DDPM 在像素级别上处理图像，需要强大的算力支持，想要在家用计算机上运行并不现实，比如一张 512×512 像素的图像，大概需要 512 GB 存储空间来处理运算，就目前的科技水平还无法造出如此大显存的消费级显卡(截止 2024 年，最强的家用消费级显卡为 Nvidia 推出的 4090 显卡，其显示内存为 24 GB)。

直到潜空间扩散模型的出现，使模型训练成本大大降低。潜空间扩散模型与之前的像素空间扩散模型相比，硬件要求直线下降。潜空间像素缩减因子一般为 8。例如，一张 512 × 512 像素的图像，数据表达为(3，512，512)，即 RGB 三通道×512×512 像素的图像数据规模，数据体积在 786 432 之上。而在潜空间中则会被压缩成(4,64,64)，数据体积为 16 384，内存消耗将会减少到原来的 1/64，如图 1－10 所示。因此，潜空间扩散模型用一张民用消费级 Nvidia 2060 显卡(2060 显卡有8 GB 显存，为像素空间扩散模型所需要的 512 GB 显存的 1/64)即可运行。

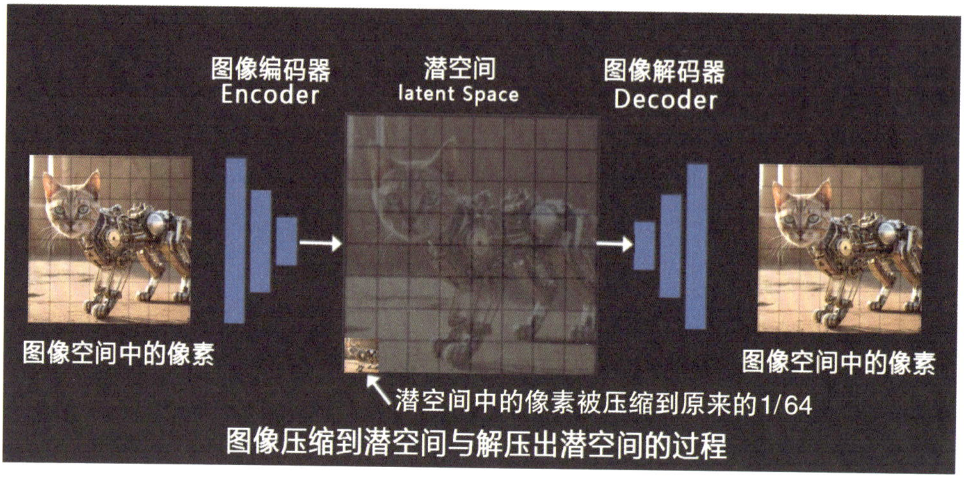

图 1－10　潜空间处理图像数据示意图

5. Stable Diffusion 模型(2022 年)

Stable Diffusion 模型由 CompVis、Stability AI 和 LAION 的研究人员于 2022 年 8 月在 LDM 基础上创建并推出，其架构相比潜空间扩散模型而言主要有以下几点改进：

① 训练数据：Stable Diffusion 模型采用了更多的训练数据，且训练数据中的图像也是以经过筛选的、美学评分较高的图像作为素材。

② 训练图像尺寸：LDM 是在 256×256 分辨率图像数据集上训练，Stable Diffusion 模型则先在 256×256 分辨率图像上进行预训练，然后再在 512×512 分辨率

图像上进行微调优化。进一步，当前的 Stable Diffusion XL 版模型则采用 1 024×1 024 分辨率的图像来训练，使得生成的图像更加高清细腻。

③ 文本编码(Text Encoder)：Stable Diffusion 模型采用一个预训练好的 CLIP 模型(模型效果远优于从零开始训练的文本编码模型)来编码文本(Text)，CLIP 模型可以高效地把人类文字转换为机器可识别的信息给 Stable Diffusion 模型，从而使图像生成速度更快、更准确。

训练好的 Stable Diffusion 模型架构由三个模块组成，接下来详细介绍每一个模块。

(1) CLIP 文本编码

CLIP 是人类与机器交流的桥梁。人类在与人类交流时会用语言或文字来传达思想，但人类在与计算机程序交流时就不能直接对它说话或者写字了，这些信息是计算机无法理解的。计算机程序是由编程语言构成的，其底层是无数个 0 和 1 的数字流，因此需要把人类的文字转换成数字信息，以便让机器能够理解人类输入的文字，也就是提示词的语义。

CLIP 的输入是文本，输出则为用数字表达的矩阵，即用嵌入(Embedding)的方式来表达提示词一连串文本中的每个词元(Token)，每个词元对应一组嵌入向量，一连串的词元组合到一起就形成了一个嵌入向量的矩阵。其中，Token 是词元的意思，是最小的语义单位，通常每个 Token 对应一个向量，Embedding 则为对 Token 的进一步编码，通常为一组向量，如图 1-11 所示，图中的提示词经过 CLIP 文本编码器后就变成了一个嵌入向量矩阵，这个矩阵数据就会作为下一步图像信息创建器的指令。

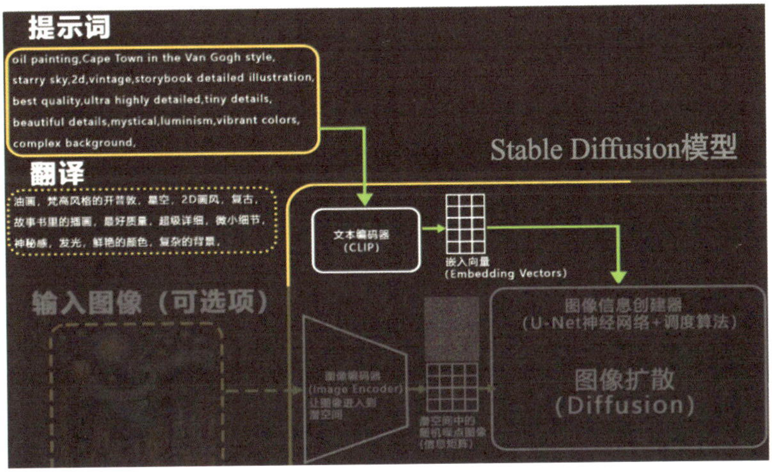

图 1-11 CLIP 文本编码过程

(2) 图像信息创建器(U-Net 与神经网络调度算法)

图像信息创建器是 Stable Diffusion 稳定扩散架构的核心，如图 1-12 所示，图像信息完全在“潜空间”中工作，这使它比在像素空间中工作的效率提高了 64 倍。从技术上讲，这个组件由一个 U-Net 神经网络和一个调度算法组成。图像信息创建器接收文本编码器的嵌入向量参数，以及图像编码器生成的潜空间噪声数据，用这两种数据作为“原料”进行下一步处理。

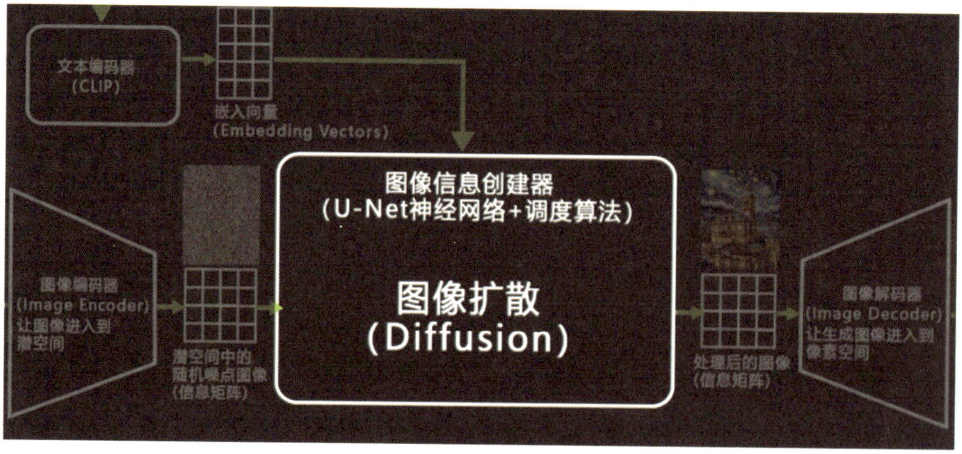

图 1-12　图像扩散过程

在 Stable Diffusion 模型运行过程中，计算过程并不是一次结束的，扩散的去噪点过程每一次都会消除一些噪点，直到循环多次(迭代)后噪点才会完全消除，由此出现清晰的图像。每一次迭代后模型会添加一个检查点，以查看图像中的噪点被逐渐去除的效果。用户在使用 Stable Diffusion WebUI 软件时能够看到，每过一段时间预览窗口中就会生成出一个中间步骤的图像，这个图像从模糊逐渐变得清晰，就是源于这些检查点给出的不同阶段的图像，如图 1-13 所示。

图 1-13　图像扩散检查点

当模型生图过程发生时，每迭代一步就引入一个 U-Net 预测噪点，并用其前一步包含噪点的图像减去这个预测噪点矩阵，产生一个“更接近结果”的、噪点更少的图像，如图 1-14 所示。

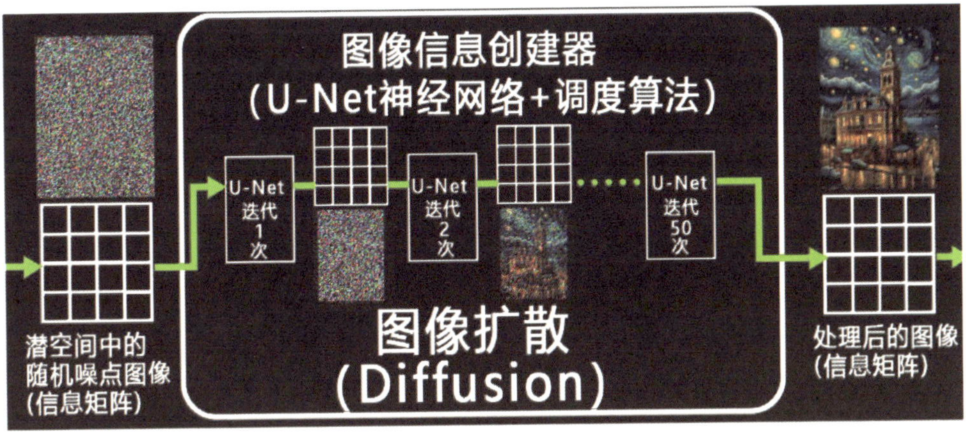

图 1－14　图像扩散迭代过程

所谓“更接近结果”的意思就是，这个图像更接近预先训练好的从大模型中抽取出的所有与输入文本语义相关的图像在潜空间中的表达。

图像信息创建器内部是至少由 50 个 U-Net 组成的迭代串联模块，如上所述，用户在每一次迭代步骤之后放置一个检查点，检查这些矩阵的运行情况，看看降噪点的过程进展到了什么程度。比如在第 1、2、5、10、30、50 次后查看，就会发现它呈现如图 1－15 所示的状态。

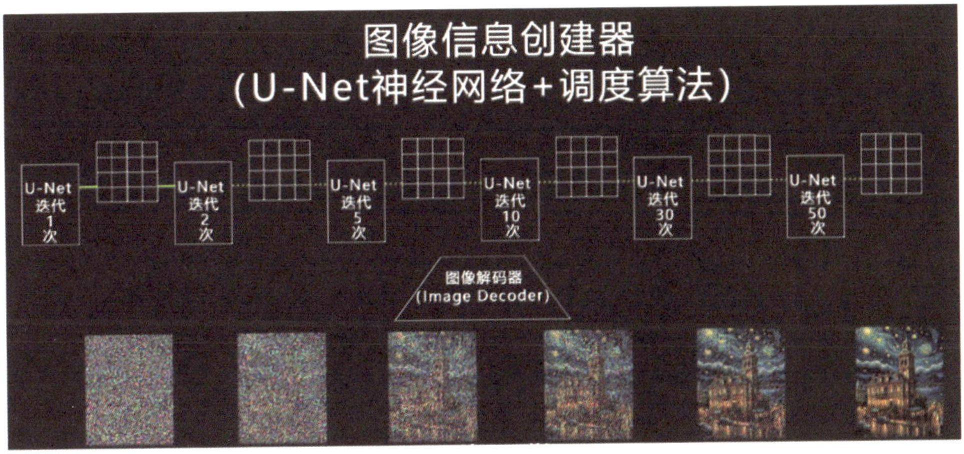

图 1－15　图像扩散在检查点处输出的图像

这就是 Stable Diffusion 模型图像的生成流程，也就是扩散的逆向过程。Stable Diffusion 模型的扩散过程就是模型的预训练过程，通过不断地加噪点去训练模型对每一个阶段噪点的预测能力，以便为日后反扩散过程（生图过程）的每一次迭代去噪点阶段提供噪点校准的能力。

(3) 编码器与解码器(Encoder & Decoder)

图像编码器负责生成潜空间噪点,可以随机生成,也可以用一张图片生成(用图片生成噪点即为图生图的过程),如图 1-16 所示。

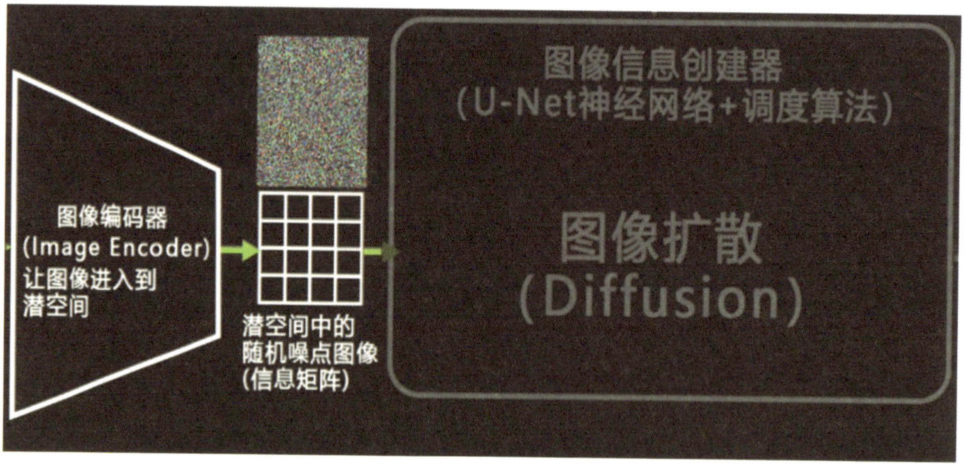

图 1-16 图像编码器生成潜空间噪点

图像解码器使用处理后的信息矩阵解码绘制出最终图像,把潜空间的运算结果解码成实际图片维度,也就是我们看到的最终成图,如图 1-17 所示。

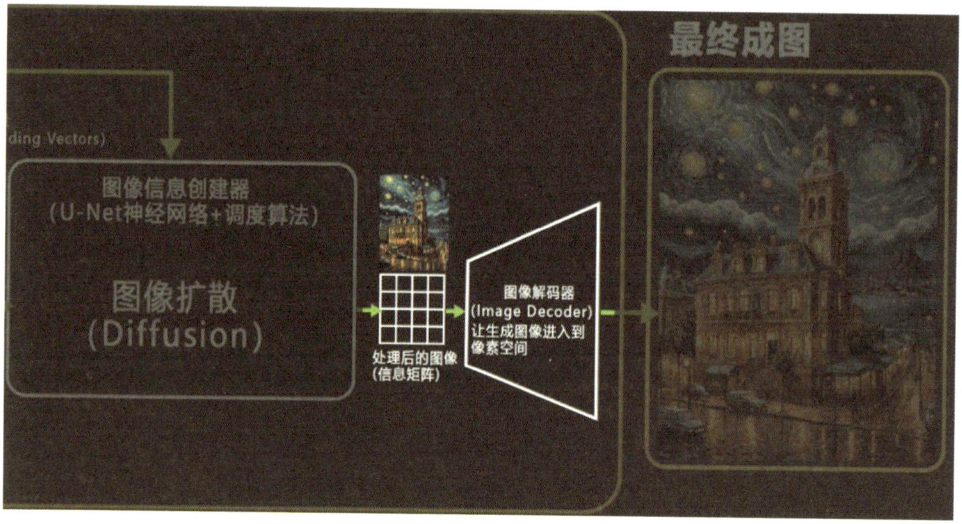

图 1-17 图像解码器生成图像

综上所述,在构成 Stable Diffusion 的三个主要组件中,CLIPText 用于文本编码;图像信息创建器用于处理潜空间中的图像信息(扩散的实际运行过程);编码器负责图像转入潜空间，解码器使用处理后的信息矩阵解码绘制出最终图像。完整生图流程如图 1－18 所示。

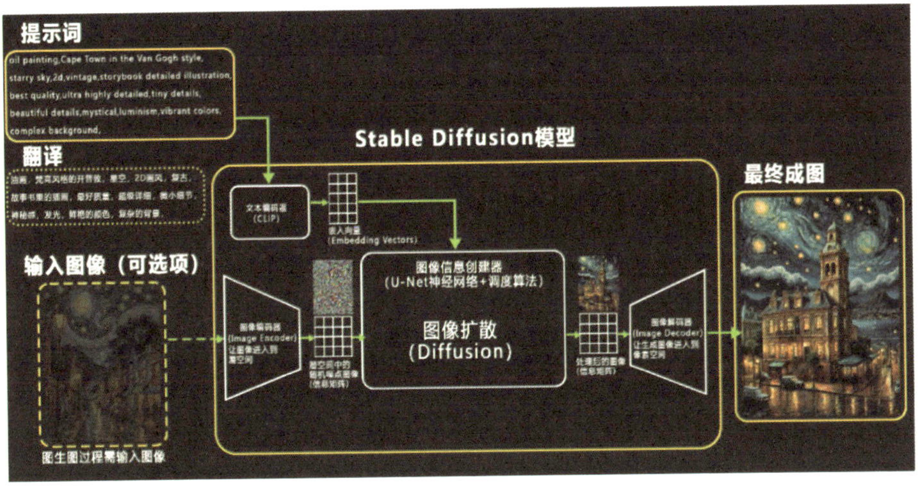

图 1－18　Stable Diffusion 模型完整生图流程

6. 潜空间视频模型(Video Latent Diffusion Models, VLDM)(2023 年)

2023 年 4 月，英伟达联合几所大学发布了带文本条件融合、时空注意力的 Video Latent Diffusion Models。尽管该模型底层逻辑依旧是 U-Net 神经网络，但它在 Stable Diffusion 文生图模型基础上，用视频当作训练素材，并增加了与空间和时间相关的参数，这就使单纯的文生图模型成为了可以依据文本产生视频的模型。图 1－19 所示为上述两个模型的关系图。

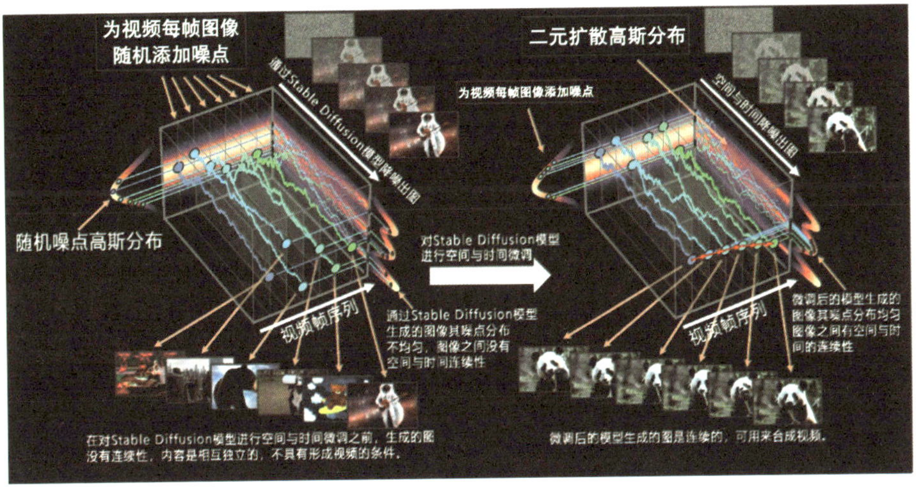

图 1－19　潜空间扩散模型图解

潜空间视频模型针对 U-Net 神经网空间与时间参数的改造可以理解为：想象你在看一部电影，这部电影由很多连续的画面（帧）组成，每一帧都有它自己的细节（比如颜色和形状）。我们的目标是通过一个特殊的处理过程来学习这部电影，也就是人类眼中视频的规律。处理过程如下：

（1）每一帧的处理（空间层）

- 想象你在看每一帧图像（画面）时，会注意到它的颜色、形状和细节。这就是“空间层”在做的事情，它专注于每一帧中的细节。
- 类比：看每一张独立的照片，注意它的细节。

（2）多帧之间的处理（时间层）

- 你会注意到这些帧是有顺序的，它们形成了一个连贯的动作或故事。这就是“时间层”在做的事情，它分析这些帧之间的关系。
- 类比：观看连续的照片，并理解它们连贯起来的故事。

（3）缩小细节（降采样和卷积）

- 为了更高效地处理，我们可以先缩小每一帧的细节，只保留重要的信息。这一步就是“降采样和卷积”在做的事情。
- 类比：把照片缩小到更小的尺寸，只保留主要的特征。

（4）同时处理空间和时间信息（3D 卷积层）

- 我们同时考虑每一帧的细节和帧与帧之间的关系，也就是处理空间层与时间层的数据，这个步骤通过“3D 卷积层”来完成。
- 类比：同时看每一张缩小的照片，并关注它们连贯的动作。

（5）调整与组合（加权组合）

- 我们将经过处理的信息与原始信息结合，确保我们不会丢失任何重要细节。这一步是“加权组合”在做的事情。
- 类比：结合缩小后的照片与原始照片，确保你既能看到主要特征，又不会丢失细节。

（6）更深入的时间关系（时间注意力层）

- 我们再次关注帧之间的关系，确保理解每一个动作和变化。这是“时间注意力层”在做的事情。
- 类比：更仔细地观看照片的顺序，理解每一个动作的变化。

处理的整个过程就像是先仔细观看每一张照片，再辨析照片之间的关系，然后缩小照片的尺寸，只保留主要信息，接着同时看每一张缩小的照片，并关注它们的连贯性，最后将缩小后的照片与原始照片结合，确保不会丢失任何细节。通过这种方式，可以更好地分析和理解这部电影（或视频）中的每一个细节和变化。这就是这个复杂模型在做的事情：既看每一帧的细节，又看帧与帧之间的关系。

7. Sora 文本生成视频(2024 年)

2024 年 2 月 15 日 OpenAI 发布了最新文生视频模型 Sora，如图 1－20 所示，虽然它目前还未开源，但其效果出众，是视频生成模型的代表。相比于其他视频生成模型，Sora 生成视频在时间的连续性和逻辑一致性上有了质的飞跃。

图 1－20　Sora 生成视频截图

Sora 团队的领导者之一 William Peebles 在他 2023 年的论文 *Scalable Diffusion Models with Transformers* 中改造了 VLDM，引入了全新的 Transformer 架构替代了 U-Net 架构。为了更好地区分，接下来以 DiT 来指代 *Scalable Diffusion Models with Transformers*。根据技术报告，其背后的技术基础可能是基于 Transformer 自注意力机制的潜空间扩散模型(Latent Diffusion Model)。为了介绍其架构原理，先来了解视频的结构：任何类型的视频都是由一张张图片组成的，如果 1 s 时间呈现在眼前的连续的图片数超过 30 张，那么这个视频对人眼来说就是舒服连续的；如果视频 1 s 时间呈现的图片数量低于视觉暂留时间，人眼就会看到画面的撕裂和跳帧现象，从而导致观感不佳。根据人眼的视觉特点，一般认为每秒 30 张以上图片的视频画面已经能够满足人眼的观看需求。在视频领域中常用帧率(frames per second，fps)来表示视频每秒包含的图片数，图片数也叫帧数。随着显示设备和视频编码技术的发展，每秒 60 帧、120 帧甚至更高帧率的视频也越来越普及。

在前面的文生图原理中已经讲解过扩散模型学习图片的原理，总结来说，就是训练扩散模型通过神经网络等一系列技术学习像素分布与提示词之间的关系，使扩散模型能够学习像素点在二维图上的分布规律，如图 1－21 所示。

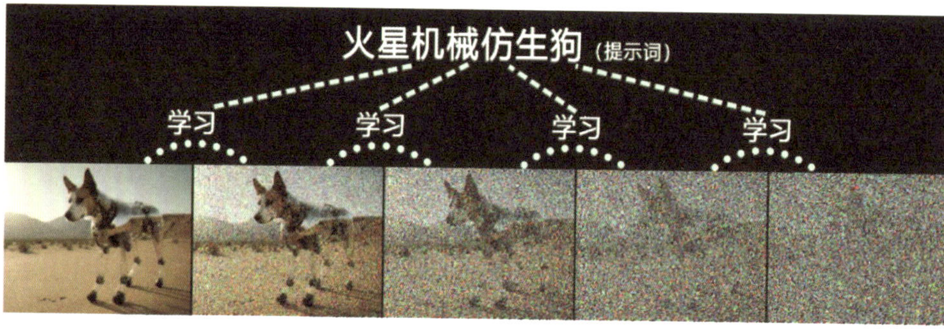

图 1-21　扩散模型学习过程

但对于视频模型训练来说，了解单张图片的扩散是远远不够的，视频是由一系列图片依据时间排列的，所以在视频生成模型训练的扩散过程中，就要考虑图片在时间轴线上的像素颜色分布，也就是处理有时序关系图片的像素颜色分布。在介绍 Sora 的 Transformer 模型架构之前，先来介绍有时序关系图片的数据分割方法——时空块(Patches)的概念。时空块技术就是把训练要用的视频按照每帧做分割，首先在时间序列上抽取一定数量的视频帧作为一组，然后把每组图片叠起来，像切豆腐皮一样把这组图片划分成网格状。这样在每组图片中，一个网格沿时间轴线的图片就是一个时空块。这些被切割出来的图像既包含二维图像信息，也包含时间信息，其本质就是让时间这个因素也参与到模型训练中。时空块示意图如图 1-22～图 1-24 所示。

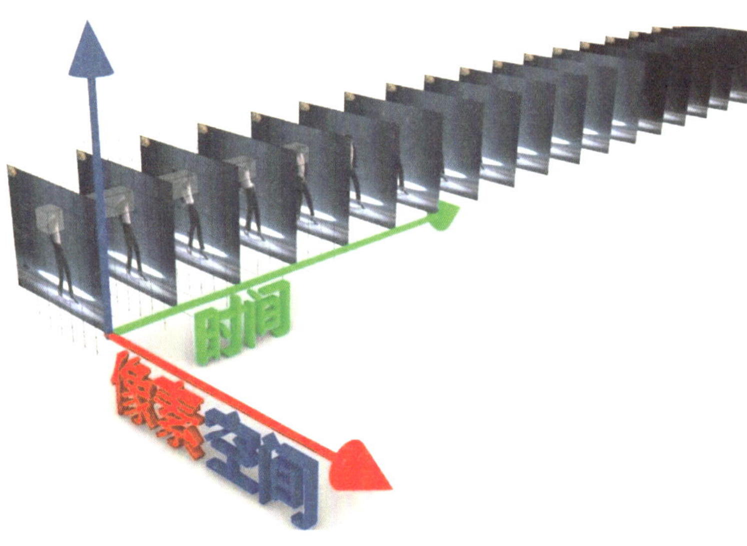

图 1-22　像素空间在时间上的分布

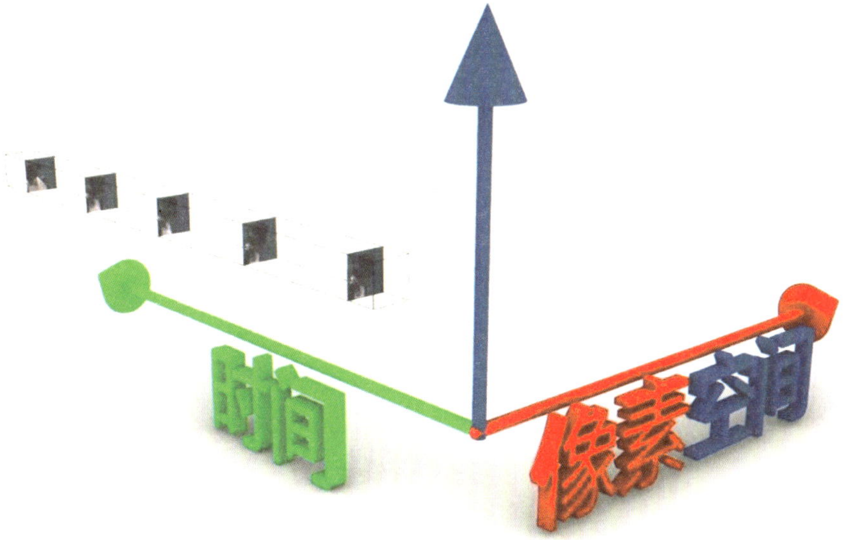

图1-23 时空块图示1

图1-24 时空块图示2

DiT就是专门用来处理具有时序关系图片的工具。在这个训练过程中，需要把时空块、提示词和迭代次数作为输入信息给DiT，在第一次输入时，时空块图像会被加入噪点。这些信息在进入DiT后，DiT的Transformer自注意力机制会学习提示词与时空块间的映射关系，然后输出加噪后的新时空块信息，这些信息会和提示词、迭代次数一起作为下一次循环训练的开始。通过这样的训练，模型就学习到时空中像素分布与提示词的映射关系，过程如图1-25所示。模型训练好后，其逆向过程就是：输入提示词后，模型逆向扩散，从一个满是噪点的时空块逐渐生成清晰的视频，类似在文生图章节中讲过的反扩散过程。

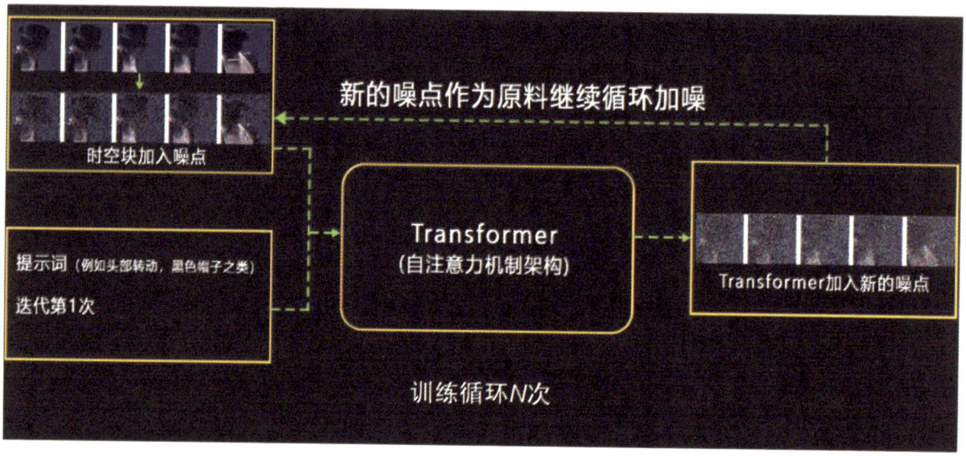

图 1－25　DiT 训练过程

1.2　文本与图像生成视频

前面已经介绍过视频生成模型的发展节点，那些文生视频模型均同时支持图生视频，因为视频生成模型中既包含文本编码器也包含图像编码器，输入图像就可以作为潜空间噪声的来源，也就是视频开始的引导。在了解了视频生成模型的原理之后，接下来介绍其应用。注：这些 AI 应用的功能在持续迭代过程中，其参数数据也会随着时间的推移而改变。

1. 在线生成应用

与文生图和图生图相比，视频生成对计算机要求较高，且训练模型成本高昂，一般的家用计算机很难满足，因此市面上出现了很多 AI 视频生成应用。

在 Runway Gen－3、可灵及 Luma 这三个视频生成应用发布之前，AI 视频生成领域一直处于生成效果类似 GIF 动图的状态，生成的视频动作幅度小，画面容易变形。下面以生成效果作为标准来分类，以 AI 视频生成应用出现的时间顺序分别简单介绍各个应用。

(1) 第一阶段

这个阶段图像生成视频 AI 应用的画面动作幅度小，时间连续性和逻辑一致性也较差，类似于图片转 GIF 动图的效果。

- 2023 年 11 月 3 日，Runway 的 Gen－2 发布，支持图像生成视频，生成的视频以上传图像为起点，并且依据提示词生成 4 s 的视频，支持生成视频延长时间，如图 1－26 所示。

图 1－26 Runway Gen－2 界面

● 2023 年 11 月 21 日，Stability AI 发布生成式视频模型 Stable Video Diffusion(SVD)，可以在其网页端使用，支持图片引导生成 4 s 的视频，可自定义相机运镜方式，如图 1－27 所示。

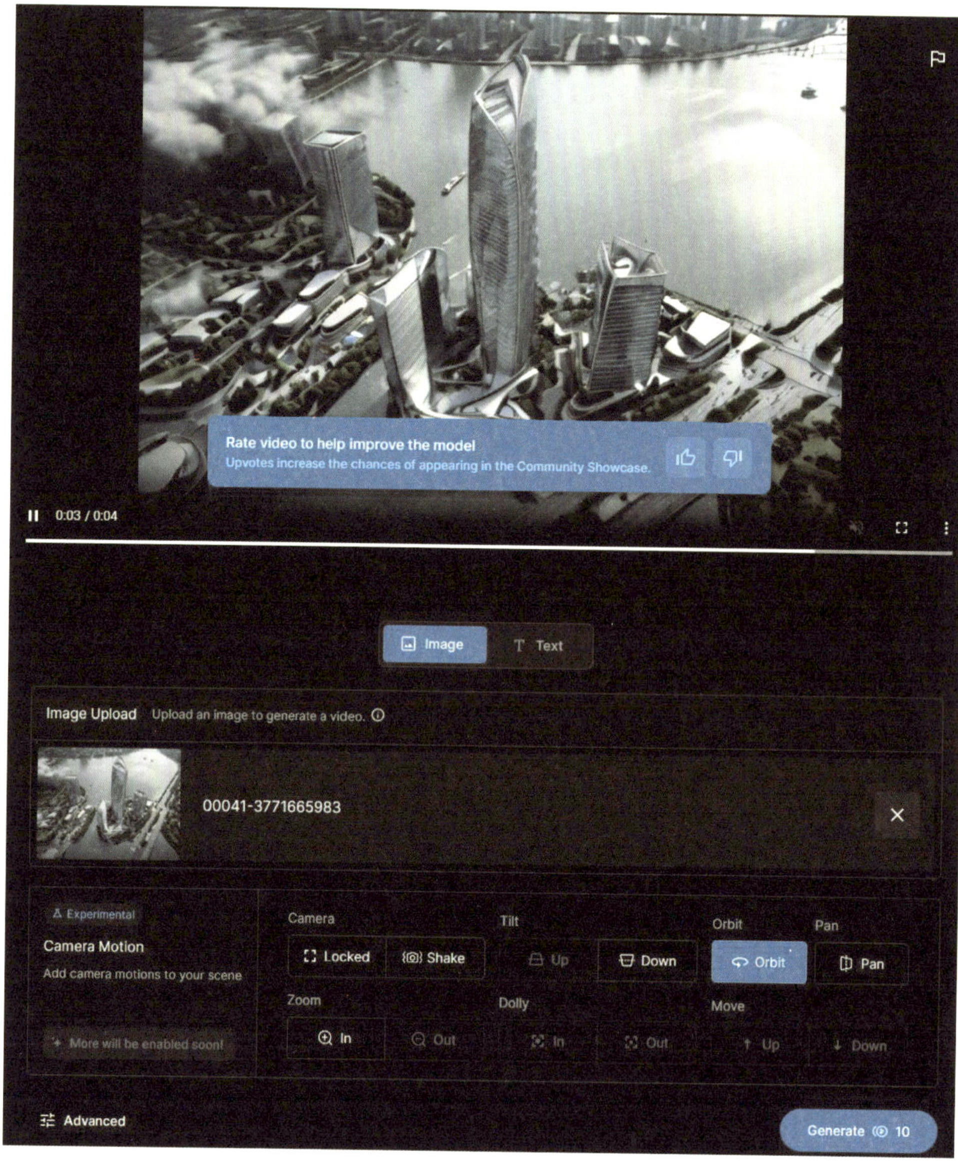

图 1－27　SVD 界面

- 2023 年 11 月 29 日，Pika 1.0 正式发布，支持图像生成视频，其图像生成视频功能与 Runway Gen－2 类似。
- 2024 年 1 月 14 日，爱诗科技推出的在线 AI 视频生成工具 PixVerse AI，支持图像生成视频，可调节镜头运动参数，并上线了运动笔刷功能，画面动态幅度也可调节，如图 1－28 所示。

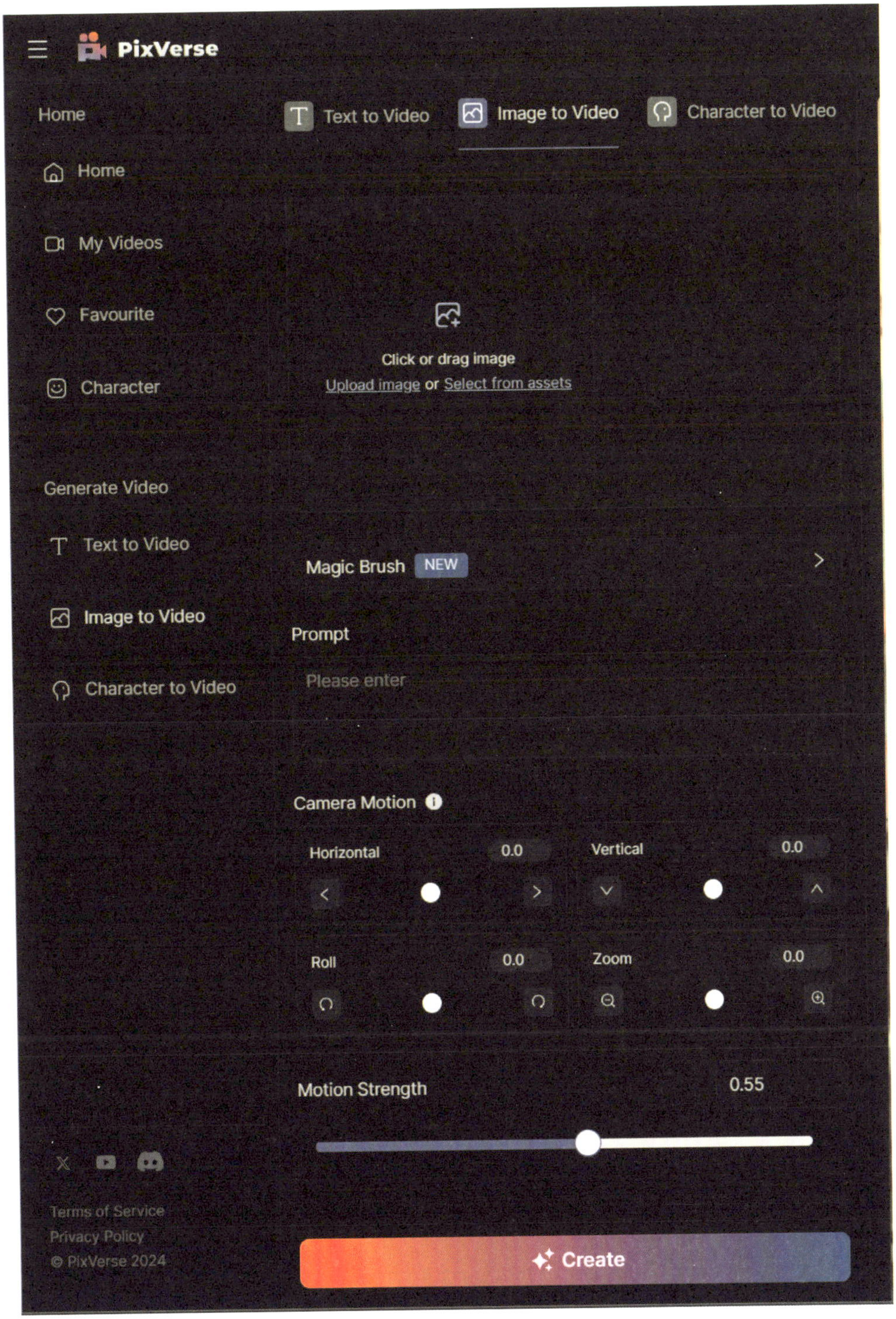

图 1－28　PixVerse 界面

(2) 第二阶段

这个阶段图像生成视频 AI 应用在时间连续性和逻辑一致性方面有很大进步，生成的视频动态感更强。

- 2024 年 6 月 6 日，快手发布可灵大模型，支持图生视频。这个模型由快手大模型团队自研，采用 3D 时空联合注意力机制，能够更好地建模复杂时空运动，生成较大幅度运动的视频内容，同时能够符合运动规律。可灵大模型能够生成长达 2 min 的视频，且帧率达到 30 fps，同时支持文生视频、图生视频以及视频续写(可对已经生成的视频进行一键续写)，单次让视频运动延续 4.5 s，运动内容合理，幅度显著。
- 2024 年 6 月 14 日，Luma AI 首发了自己的视频生成模型 Dream Machine，可以通过图片生成高质量的逼真视频。上传图片后输入对应的提示词，然后提交即可生成视频，如图 1 - 29 所示。

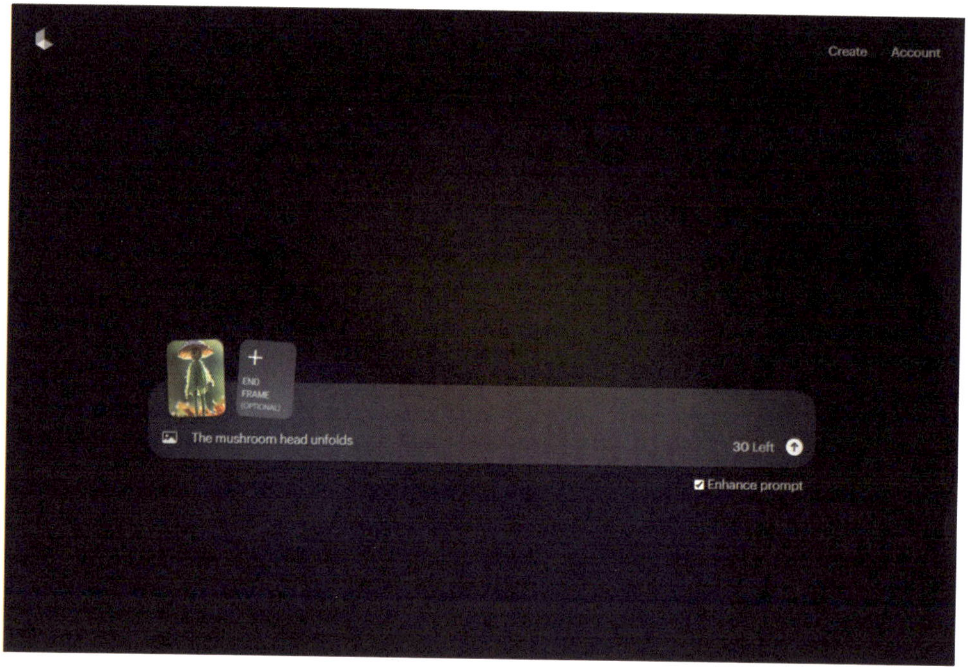

图 1 - 29　Luma 界面

- 2024 年 6 月 18 日，Runway 正式发布全新的 Gen - 3 模型，相比于 2023 年 11 月 3 日发布的 Gen - 2 模型，Gen - 3 在保真度、一致性和动作表现方面都有重大改进，为构建通用世界模型迈出了重要一步。

2. 本地部署应用

2023 年 11 月 21 日，Stability AI 发布生成式视频模型 Stable Video Diffusion（SVD），可用于本地部署的有两个版本：

- SVD 版本：能够生成 14 帧视频。
- SVD－XT 版本：经过进一步微调，能够生成 25 帧视频。

两个版本都可以在 3～30 fps 下生成视频，如图 1－30 所示。

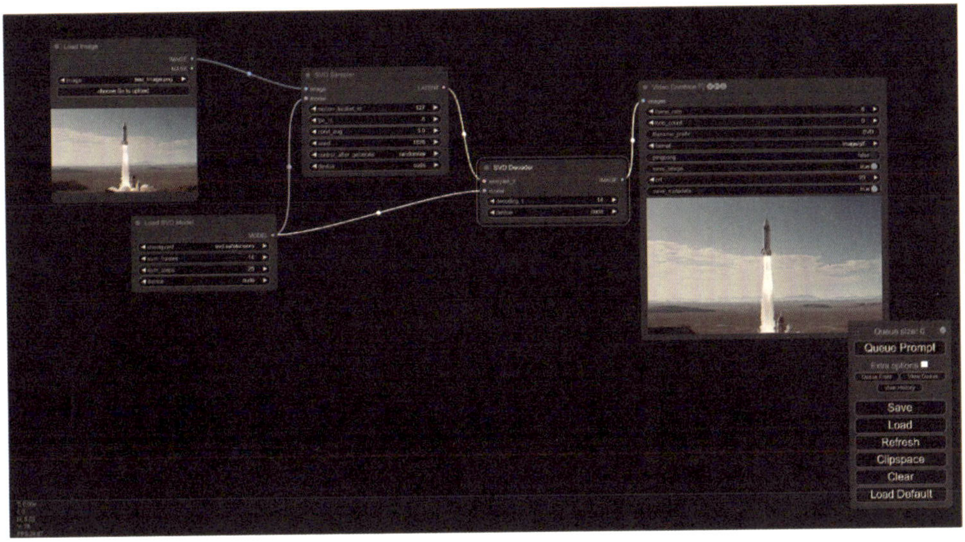

图 1－30　ComfyUI 中的 SVD 工作流

1.3　视频生成视频

目前，视频生成视频的 AI 应用在市面上并不太多，在线版本中 Runway 的 Gen－1 Video To Video 视频转绘风格及可灵的视频续写功能最为突出，DemoAI 的玩法也使更多人参与到视频创作的过程中；本地部署应用 Stable Diffusion WebUI 和 ComfyUI 都有视频生成视频的风格转换功能。注：这些 AI 应用的功能在持续迭代过程中，其参数数据也会随着时间的推移而改变。

1. 在线生成应用

目前，Runway 的 Gen－1 Video To Video 支持最长 15 s 的视频生成。视频生成视频主要用来转换视频风格，如图 1－31 所示，例如真人视频转动漫风格视频。

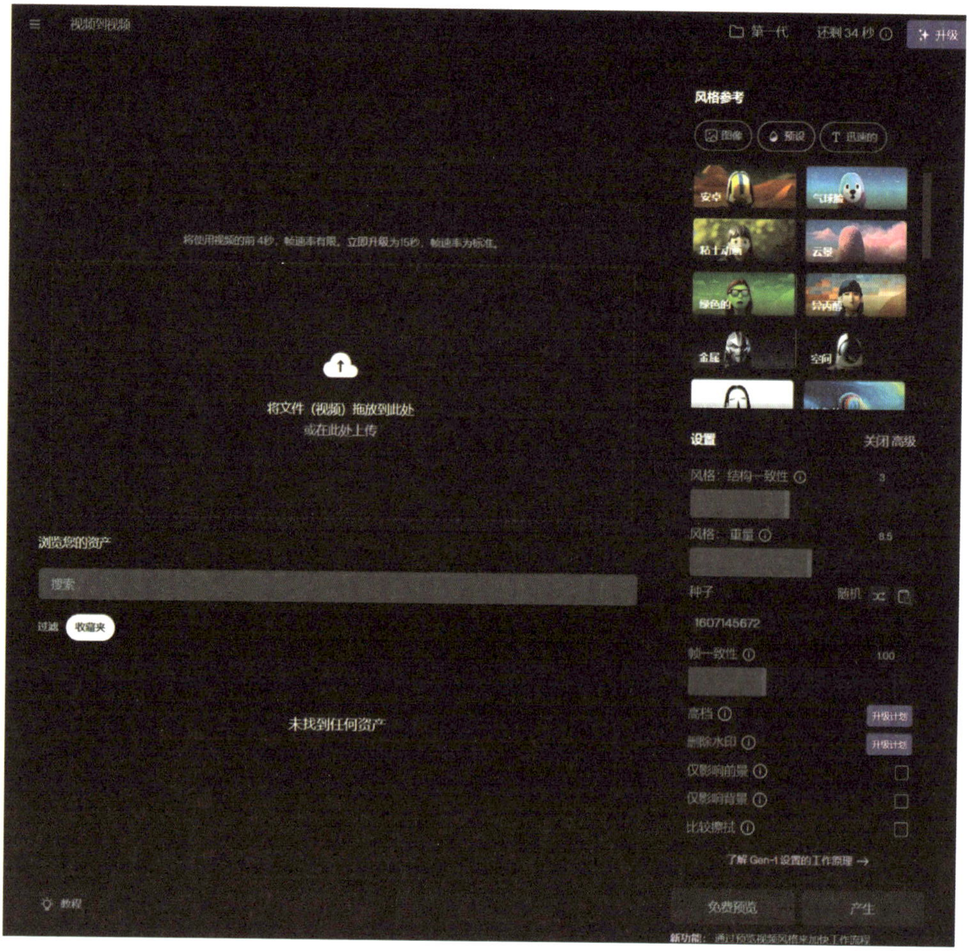

图 1-31　Runway Gen-1 视频转视频界面

可灵的视频续写功能比较引人注目，可单次让视频运动延续 4.5 s，运动内容合理、幅度显著，如图 1-32 所示。得益于续写中的文本控制，其每一段续写都能够体现用户的创意和想法；支持连续多次续写，最长可生成 3 min 的视频，为创作者实现故事梦想提供了强有力的支持。

2. 本地部署应用

目前，常通过 Stable Diffusion WebUI 和 ComfyUI 两个本地应用来对视频风格进行转换。视频生成视频的原理类似图生图的生成原理，需要先把视频拆解成单独的图片，然后对图片按照既定风格进行图生图风格转换，最后用转换后的图片合成视频即可完成视频生成视频。视频风格转换流程如图 1-33 所示。

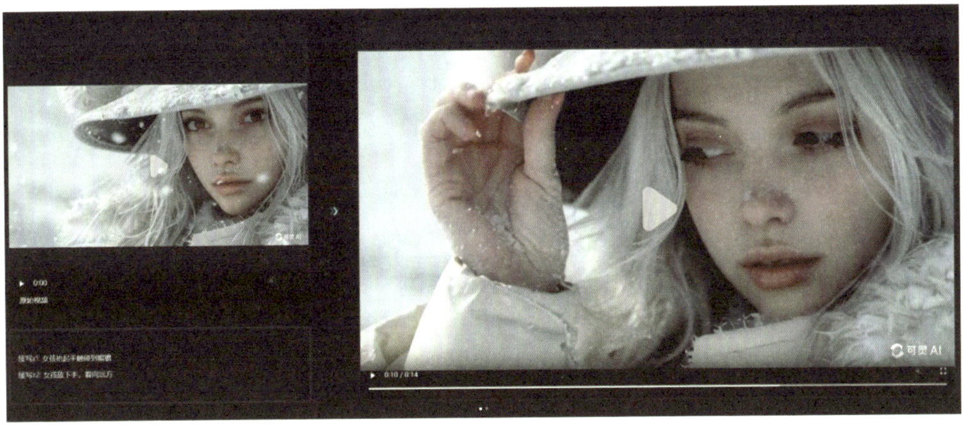

图 1 - 32　可灵视频续写界面

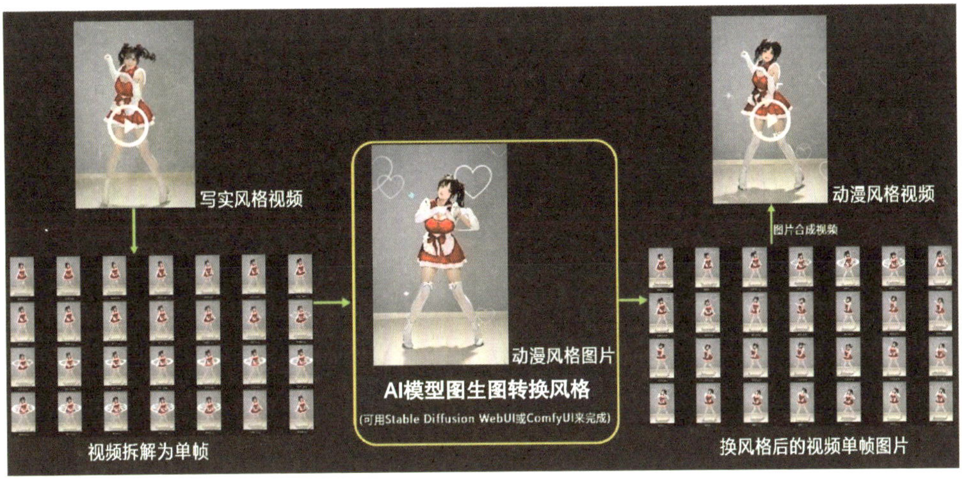

图 1 - 33　视频风格转换流程

1.4　主要工具概述

为了使广大读者能够充分理解和运用 AI，本书主要通过原理介绍的方式来讲解当下的生成式 AI 应用，主要涉及如下三方面的内容：

1. 在线视频生成工具

用户可以通过直接访问网页或者应用来进行创作，无须调用本地计算机的算力资源，支持文本、图像或现有视频生成新的视频内容。在线 AI 视频制作平台通过自然语言处理技术，使用户能够通过简单的文本描述生成复杂的视频，并进行各种编辑。其主要特点如下：

- 文本转视频：用户可以通过输入文本描述来生成视频。
- 图像转视频：将图像转化为动态视频场景。
- 视频编辑：对现有视频进行修改，包括场景变化、风格转换等。
- 区域修改：允许用户修改视频中的特定区域。
- 扩展画布和视频长度：用户可以通过扩展视频画布和增加视频长度，以满足创意需求。
- 延长视频：可以让已有的视频延长，且新生成的视频内容与原有视频内容连续。

2. Stable Diffusion WebUI

Stable Diffusion WebUI 是一个基于网页的界面，旨在简化使用 Stable Diffusion 模型的过程，该应用用于从文本和图像提示生成图像和视频转绘，主要功能包括：

(1) 图像生成

用户可以通过输入文本和输入图像生成高质量的图像。该功能利用 Stable Diffusion 模型，将自然语言转换为逼真的图像。

(2) 视频转绘

用户可以将一个视频转绘成另一个风格，例如一段真人影视转换成动漫风格。

(3) 图像编辑

- 图像修复：用户可以对现有图像进行修复，例如修复损坏的区域或添加细节。
- 图像重绘：基于原始图像的结构和风格进行重绘，生成新的图像版本。

3. ComfyUI

ComfyUI 是一个模块化的基于节点的网页界面，基于 Stable Diffusion 模型，提供了更强的灵活性，能实现对图像生成过程的控制，除了上面 Stable Diffusion WebUI 具有的功能外，其他特点如下：

(1) 节点系统

- 模块化设计：用户可以通过拖放节点来构建工作流，每个节点代表一个操作或数据处理步骤(如模型加载、图片加载、提示词输入等)。
- 灵活连接：不同节点之间可以灵活连接，构建复杂的工作流，支持多种操作和数据流动方式。

(2) 模型管理和推理

- 模型加载：支持加载不同类型的深度学习模型，包括预训练模型和用户自定义模型。

- 推理执行：通过连接和配置节点，用户可以执行模型推理，并实时查看和编辑。

(3) 自动化工作流

- 批处理：支持批量处理任务，用户可以一次运行多个模型或数据处理任务，提高工作效率。
- 调度和监控：提供任务调度和监控功能，用户可以设置自动化任务并实时监控其运行状态。

第 2 章　在线 AI 视频制作平台

本章选取市面上关注度较高的视频生成 AI 应用。首先以时间顺序简要介绍 AI 应用，然后为读者详细讲解其功能与用法。

- 2023 年 10 月 9 日，一家由 Y-Combinator 孵化的生成 AI 公司 Moonvalley. ai 推出了一款强大的从文本到视频的生成模型 Moonvalley，仅依靠文本提示即可生成高清、16∶9电影质量的视频，还能选择不同的视频风格（比如超现实主义、动漫、幻想）。
- 2023 年 11 月 3 日，Runway 的 Gen－2 发布里程碑式更新，支持 4K 超逼真清晰度的作品（Runway 是 Stable Diffusion 最早版本的开发商，Stability AI 则开发 SD 的后续版本），主要功能包括：文字生成视频、图像生成视频、视频生成不同风格的视频、视频局部修改等。
- 2023 年 11 月 21 日，开发并维护 Stable Diffusion 后续版本的 Stability AI 终于发布了自家的生成式视频模型：Stable Video Diffusion（SVD）。
- 2023 年 11 月 29 日，Pika 1.0 正式发布，它能够生成和编辑各种风格的视频，如 3D 动画、动漫、卡通和影视，主要功能包括：文字生成视频、图像生成视频、视频生成不同风格的视频、视频局部修改等。
- 2024 年 1 月 14 日，爱诗科技推出 PixVerse AI，它是一款在线 AI 视频生成工具，能够快速将多模态输入（如图像、文本、音频）转化为令人惊叹的视频。用户只需通过简洁的文字描述，即可轻松创作出高清、逼真的视频作品。无论是二次元的动漫风格、写实细腻的现实主义风格，还是立体生动的 3D 视觉效果，PixVerse AI 都能精准捕捉并实现用户提供的创意构思。
- 2024 年 6 月 6 日，快手发布可灵大模型，这个模型由快手大模型团队自研。可灵采用 3D 时空联合注意力机制，能够更好地建模复杂时空运动，支持文生视频、图生视频及视频续写，运动内容合理、幅度显著。
- 2024 年 6 月 14 日，Luma AI 首发了自己的视频生成模型 Dream Machine，它可以通过文字或图片生成高质量的逼真视频。
- 2024 年 6 月 18 日，Runway 正式发布全新的 Gen－3 模型，相比于 2023 年 11 月 3 日发布的 Gen－2 模型，Gen－3 在保真度、一致性和动作表现方面都有重大改进，为构建通用世界模型迈出了重要一步。

注：随着人工智能技术的快速发展，vidu、Minimax、海螺 AI、清影、即梦等新兴平台也在不断推出 AI 视频制作工具，极大丰富了 AI 视频制作的应用场景和操作方式，因此本书难以涵盖所有最新的产品和功能。然而，读者可以通过理解本书中介绍的基础知识和核心原理，灵活应用新工具，并不断跟进行业的最新动态，在 AI 视频制作的学习和应用中奠定坚实的基础。

2.1 Pika

2.1.1 功能和特点

Pika 是一个先进的 AI 视频生成平台，能够从文本、图像和现有视频创建动态和沉浸式视频。Pika 提供三种主要的创建方式：文本到视频、图像到视频、视频到视频。

① 文本到视频：用户可以输入描述性的文本，Pika 会将这些描述转化为生动的视频场景。

② 图像到视频：用户可以上传照片、绘画或插图，Pika 会将这些静态图像变成动态视频场景。

③ 视频到视频：用户可以对现有的视频进行修改，改变其风格或内容，赋予其新的生命。

Pika 强调用户的创造自由，提供了多种编辑功能，如扩展画布和延长视频长度。用户可以通过简单的指令来改变视频风格，从而实现高度个性化的输出。此外，Pika 还具备给生成的 AI 视频配音效的功能。

- 多样的输入方式：支持文本、图像和视频输入，满足不同用户的需求。
- 高质量视频输出：Pika 能生成像素级精确的高质量视频，并具有高级功能，如视频放大。
- 用户友好的界面：设计直观，适合所有用户，从初学者到专业创作者都能轻松上手。
- 跨平台可访问性：支持通过网页和 Discord 进行操作，用户可以随时随地进行视频创作。

Pika 的免费版本和多种订阅计划使其适合不同预算的用户，无论是个人爱好者还是专业创作者，都能找到适合自己的使用方案。

2.1.2 界面介绍

Pika 主界面由三部分组成：订阅与账号管理区、成果预览与编辑区、条件输入与参数调节区，如图 2－1 所示。

图 2－1 Pika 主界面的组成

1. 订阅与账号管理区

订阅与账号管理区主要是账号管理与付费订阅入口。

2. 成果预览与编辑区

成果预览与编辑区分为两部分：第一部分是探索界面内容，为全球创作者生成内容精选，探索界面中的每一个作品均提供了参数调节选项，具体可调节参数如图 2－2 所示；第二部分是本地用户生成内容，其调节参数与探索界面中的相同，如图 2－3 所示。

3. 条件输入与参数调节区

用户可以在这个区域中输入文本或者上传图像，自定义生成图像的风格以及对一系列高级选项进行选择，如图 2－4 所示。

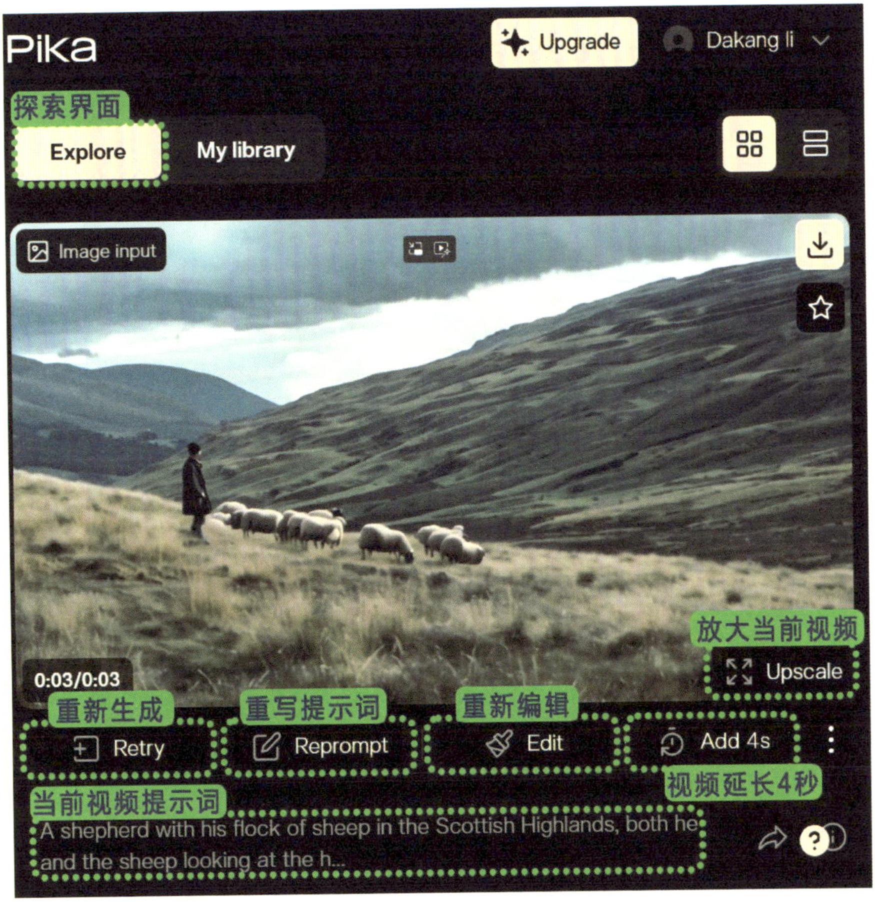

图 2－2　成果预览与编辑区中的探索界面

2.1.3　调节参数介绍

图 2－4 大致描述了各类选项的内容，其中需要着重讲解的是灵感提示词、自定义视频生成风格及高级选项的内容。

1. 灵感提示词

如图 2－5 所示，每次单击黄色箭头所示的灵感提示词按钮，提示词就会自动出现在蓝色箭头所指的提示词输入框中，这个功能比较适合在不知道该写什么内容时，让 AI 随机写一段内容。图 2－5 中这段随机提示词的意思是“被樱花树环绕的日式茶屋”。再单击一次灵感提示词按钮，就会随机重新生成如图 2－6 所示的内容，其中提示词的意思是“自然纪录片，沙漠中蜥蜴的特写镜头”。

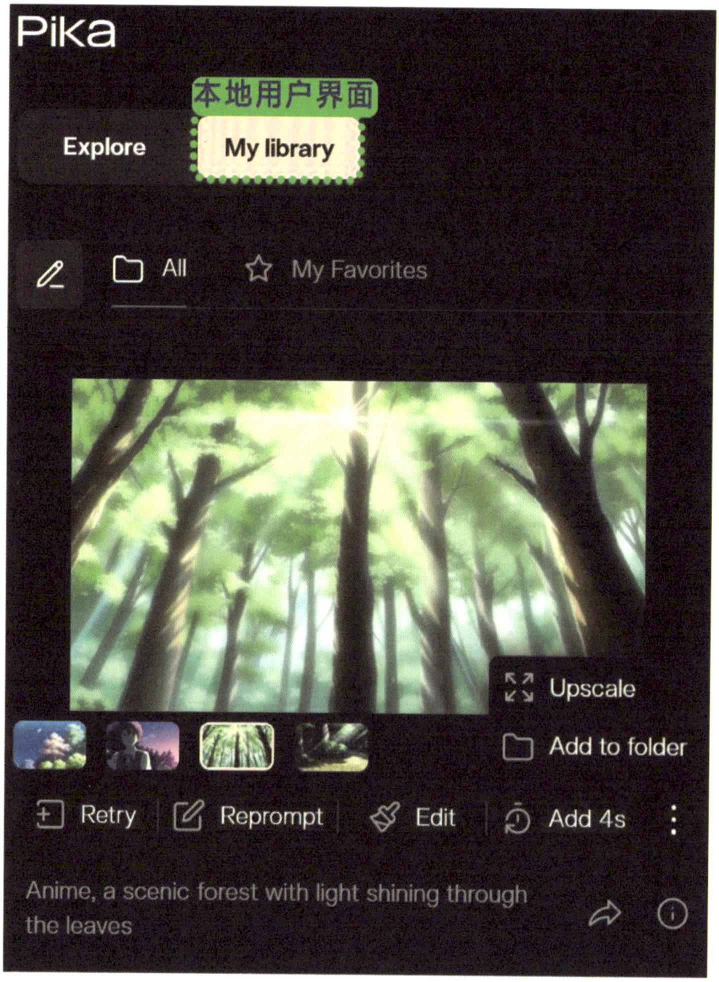

图 2-3 成果预览与编辑区中的本地用户界面

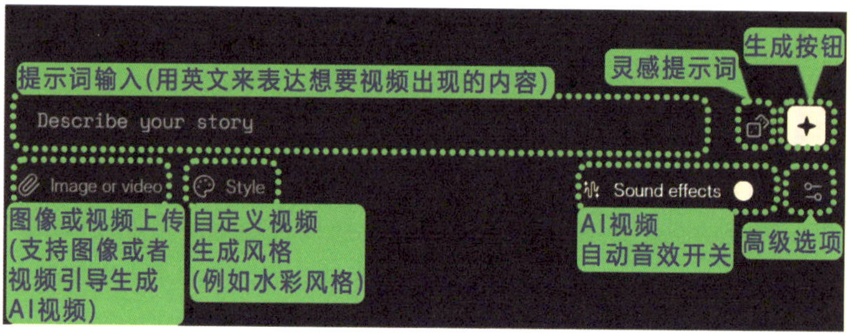

图 2-4 条件输入与参数调节区

图 2-5 灵感提示词界面

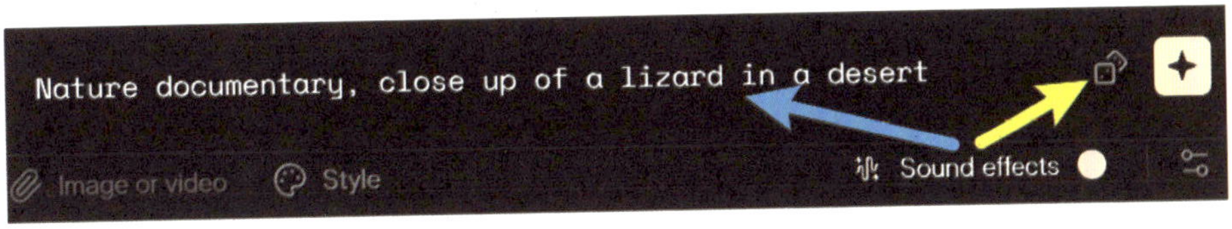

图 2-6 随机生成的灵感提示词

2. 自定义视频生成风格

如图 2-7 所示，单击自定义视频生成风格按钮，就会弹出一系列风格提示词可供选择，单击任意风格图标，相应的提示词就会出现在蓝色箭头所指的提示词输入框中。

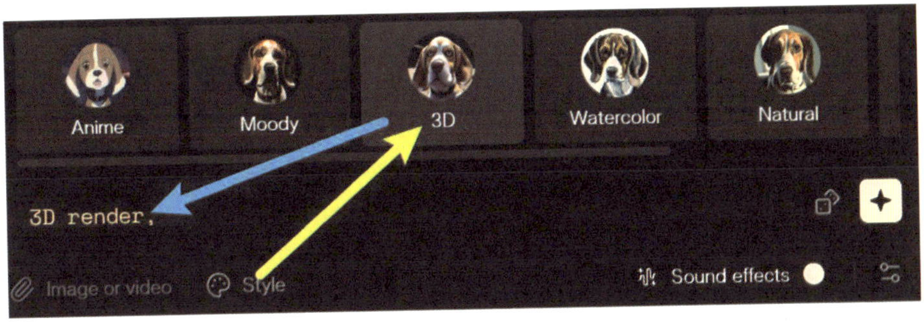

图 2-7 自定义视频生成风格界面

图 2-8 所示为目前 Pika 所有内置的风格汇总。

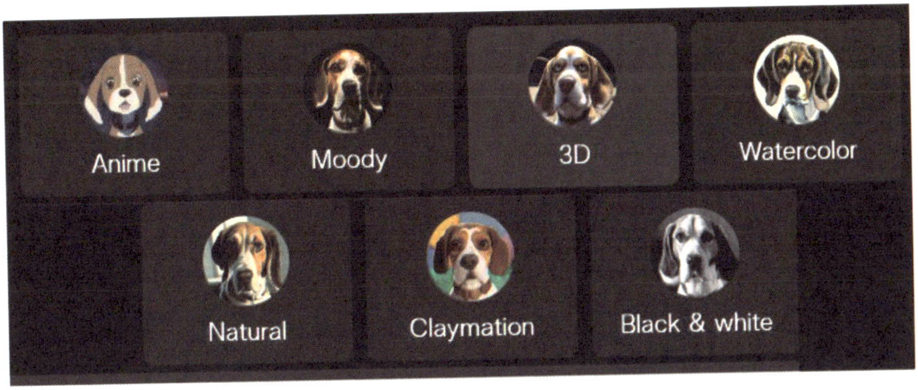

图 2-8 视频风格汇总

3. 高级选项

高级选项是 Pika 中要调节最多的地方，涉及镜头运动、视频帧率以及视频动态强度等，具体功能如图 2－9 所示。

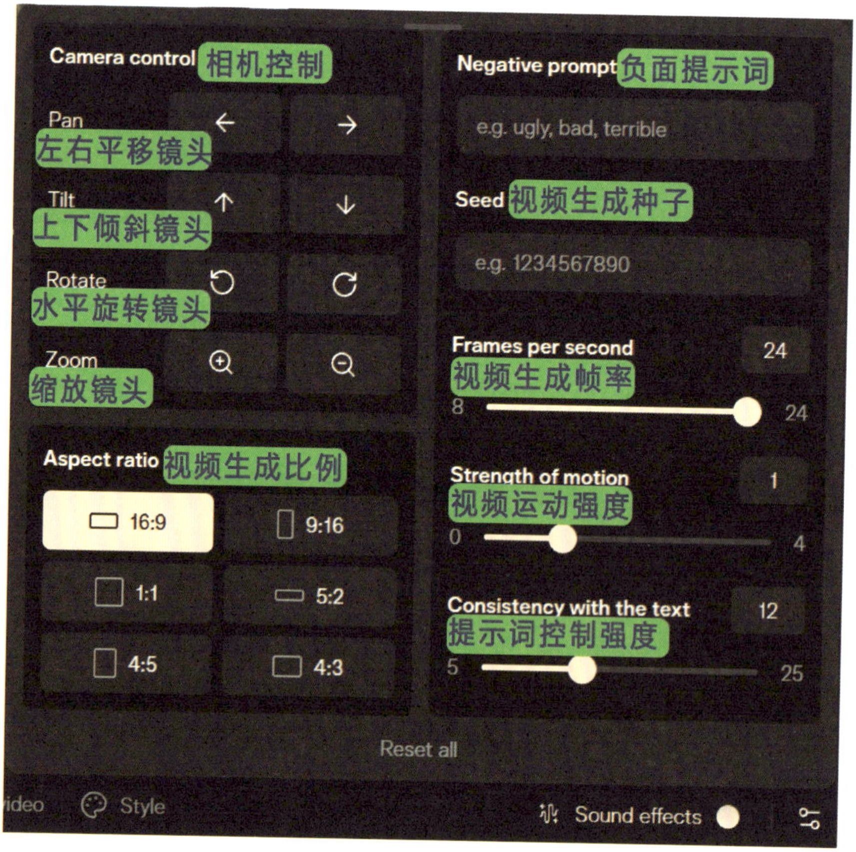

图 2－9 高级选项界面

2.2 Runway

2.2.1 功能和特点

Runway 是一个集成了多种 AI 工具的平台，主要面向创意工作者和开发者，提供了丰富的机器学习和生成模型来支持各种创意项目。Runway 的主要功能和特点如下：

1. 主要功能

(1) 视频生成与编辑

- 风格转换：依据一段提示词或图片风格改变另一段视频风格。
- 文本到视频：用户可以通过输入文本描述生成视频内容。
- 图像到视频：通过上传图像生成连续的视频片段。
- 视频到视频：上传已有的视频，然后生成全新的、风格化的视频。
- 视频或图片同步口型：上传已有的图片或视频，上传一段语音，即可同步视频或者图片口型。
- 移除或者模糊、替换视频背景。
- 移除视频中的人物或者物体。

(2) 图像生成与编辑

- 文生图和图生图：利用生成模型从文本描述或者已有图片生成图像。
- 图片扩展：依据提示词拓展图像大小。
- 图片放大：提升图片分辨率。
- 擦除并且替换内容：在可擦除图像中指定内容并且替换成想要的内容。
- 背景替换：自动识别并替换图像背景。

(3) 3D 生成

- 3D 模型生成：从提示词生成 3D 模型。
- 3D 纹理生成：从提示词生成 3D 纹理。

2. 特 点

(1) 用户友好的界面

提供简单直观的用户界面，使用户无需深厚的技术背景也能使用各种 AI 工具。

(2) 高质量输出

生成的内容质量高，细节丰富，适用于各种专业场合。

(3) 快速处理

基于高效的 AI 算法，可以在较短时间内完成复杂的生成任务。

(4) 多平台支持

兼容多种操作系统和设备，方便用户在不同平台上使用。

(5) 云端处理

利用云计算技术，减少本地设备的性能压力，同时提升处理速度和效率。

(6) 实时预览

支持实时预览功能，用户可以在创作过程中随时查看效果并进行调整。

(7) 社区支持

拥有活跃的用户社区和丰富的教程资源，帮助用户快速上手和解决问题。

以上这些功能和特点使 Runway 成为一个强大的创意工具平台，广泛应用于广告制作、影视创作、教育培训、游戏开发等多个领域。本节主要介绍 Runway Gen-3 的文生视频与图生视频功能。

2.2.2 界面介绍

Runway 的官方网址为 https://app.runwayml.com/，其界面主要由视频与图片处理选项构成，每一个选项下面都有生成和编辑选项，如图 2-10 所示。

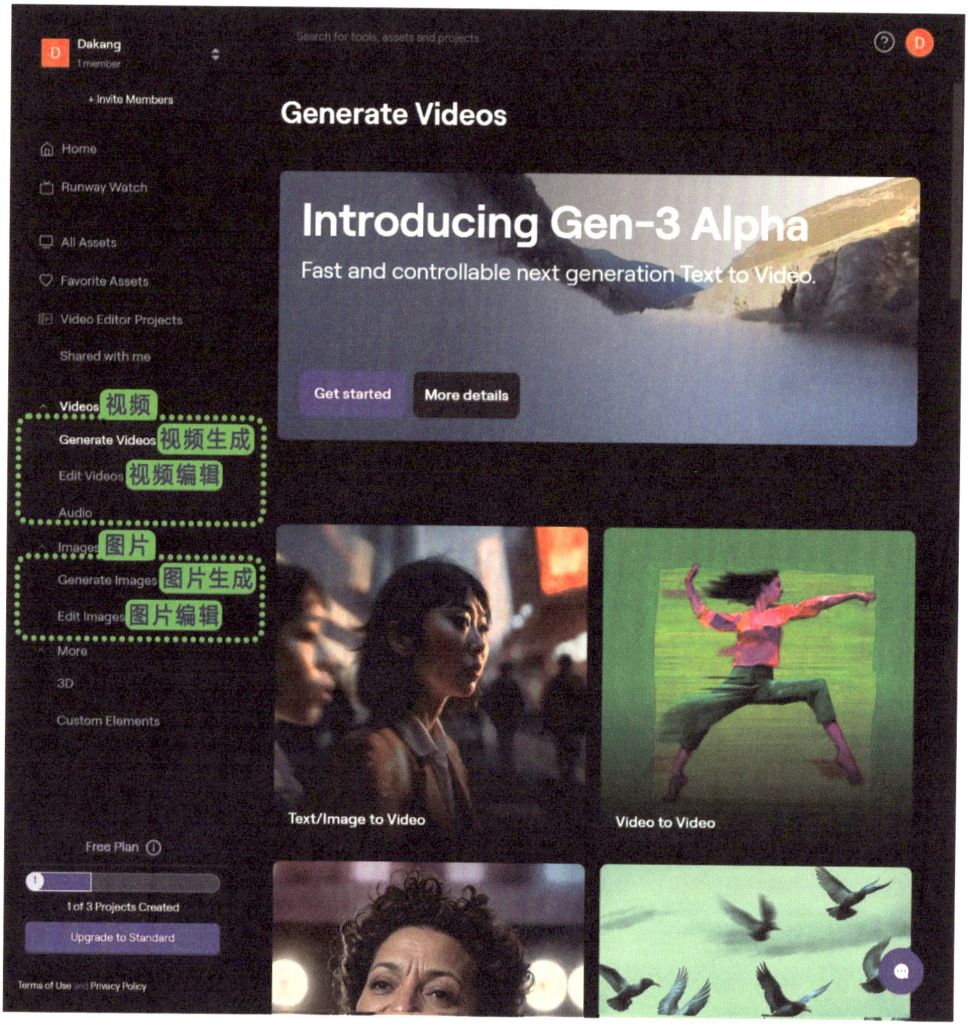

图 2-10 Runway 界面的组成

在 Runway 的主要功能中，最好用也最常用的就是 Runway Gen－3 的文生视频功能，目前 Gen－3 的图生视频还在开发中，不久后也会上线。在视频生成选项下单击 Get started 或者 Text/Image to Video 进入 Gen－3 操作界面，如图 2－11 所示。

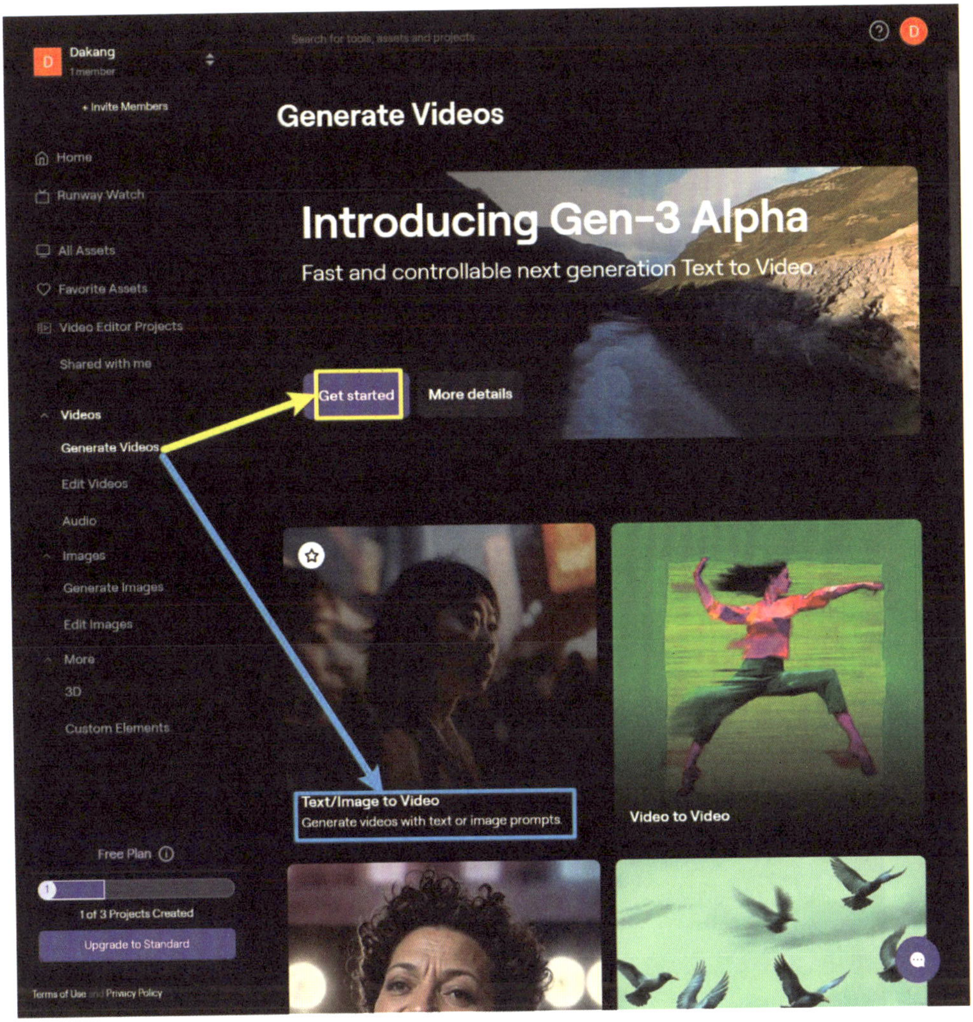

图 2－11 Runway Gen－3 入口

进入到 Gen－3 操作界面后就可以进行视频生成操作了，操作界面主要由三部分组成（见图 2－12）：菜单与订阅管理区、条件输入与参数调节区、生成结果预览区。

菜单与订阅管理区主要是管理账号与权限升级功能；条件输入与参数调节区是整个 Gen－3 中使用最多的地方，例如提示词输入、图片上传、镜头与图幅比例调节等；生成结果预览区中的参数查看按钮如图 2－13 所示，Gen－3 中的视频生成参数如图 2－14 所示。

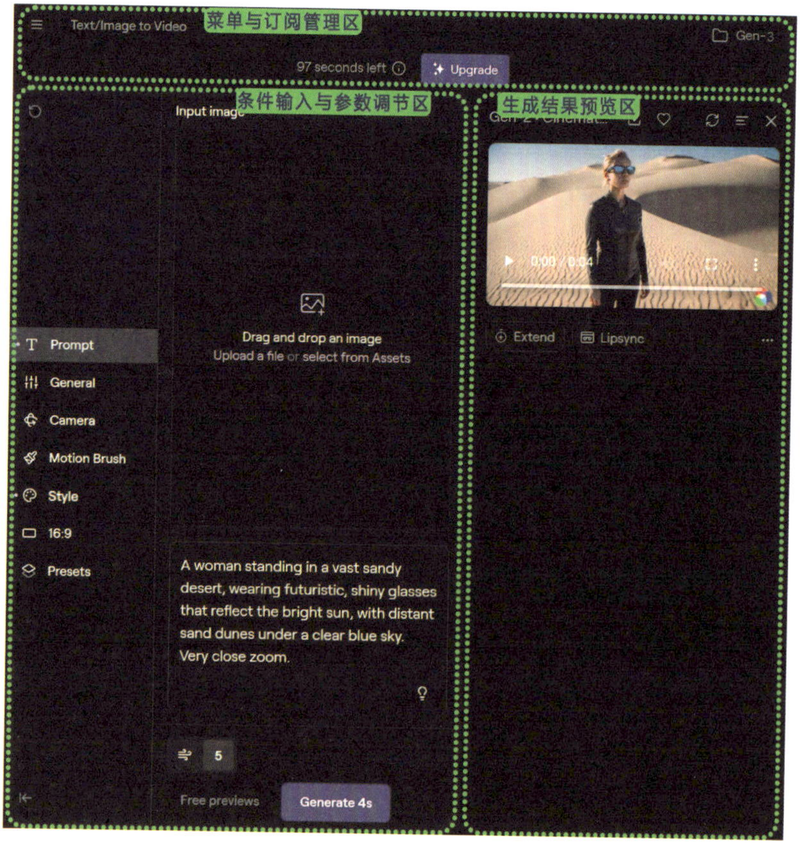

图 2－12　Runway Gen－3 操作界面

图 2－13　参数查看按钮

图 2 - 14　Gen - 3 中的视频生成参数

2.2.3　调节参数介绍

在图 2 - 12 的条件输入与参数调节区中，可以看到有许多可调节的内容，具体每个选项调节的参数如图 2 - 15 所示，接下来逐个讲解。

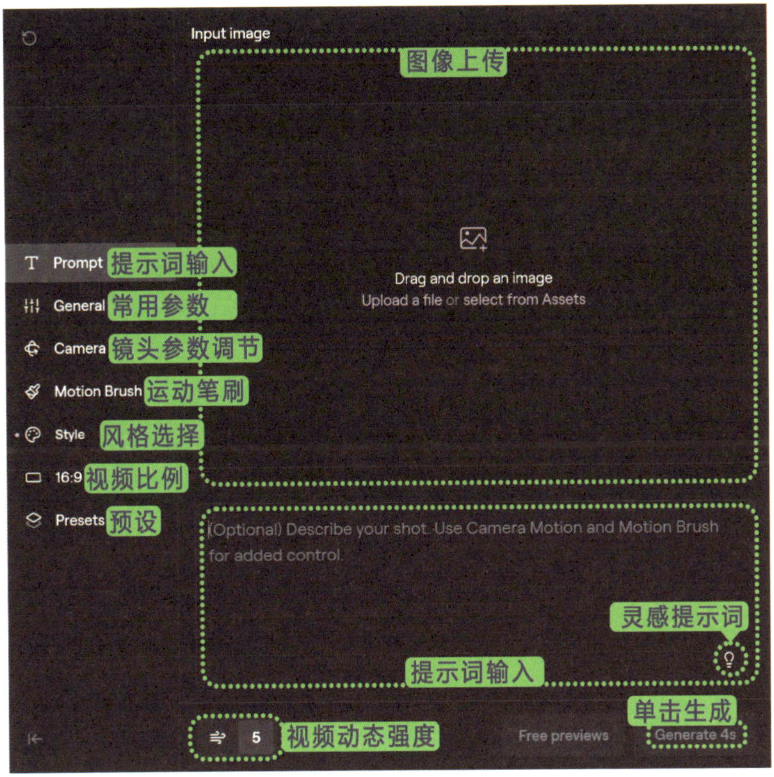

图 2 - 15　Gen - 3 调节参数选项

1. 提示词输入(Prompt)

如图 2-16 所示,在"提示词输入区域"输入想要在视频中出现的内容,输入必须为英文,可以是完整的语句,也可以是名词或者动词短语。

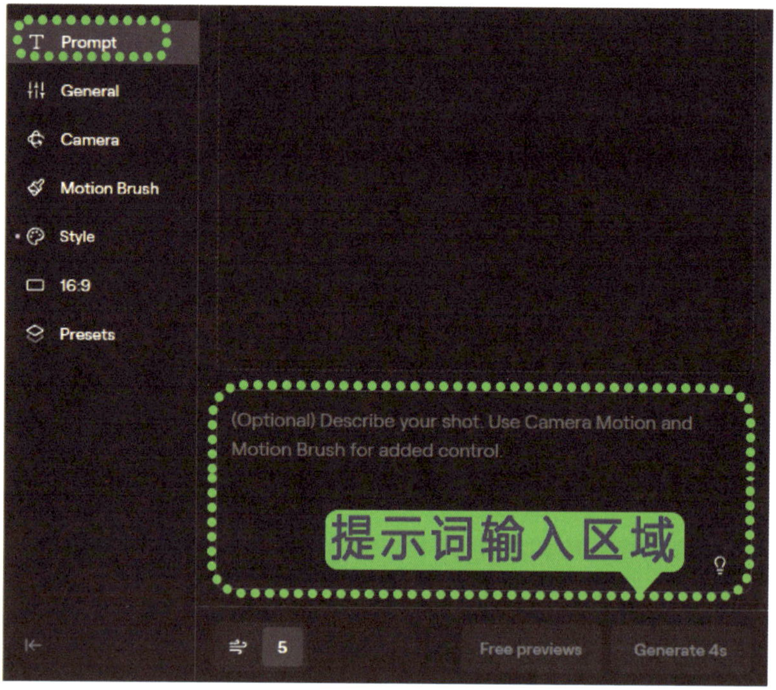

图 2-16 Gen-3 提示词输入

2. 常用参数(General)

常用参数界面如图 2-17 所示。

分辨率设置:此区域可以设置视频分辨率为"720p"或"2K"。

预览图提示词权重:提示词在生成视频过程中预览图的权重值,并非针对最后生成的视频。注意较高的值可能会导致更严格地遵守输入的提示词,较低的值会让视频内容有更多的创造性。

预览图反向提示词:反向提示词是在生成视频过程中不想要预览图出现的内容,并非针对最后生成的视频。

视频生成种子:同样的提示词以及参数控制,在不同的种子下会出现不同的内容。如果想要同参数出现更多可能性则可以改变种子数,或者勾选视频种子后面的框,这样同参数下每次生成的内容就会一样。

视频插帧:提升最后生成视频的帧数,让视频播放起来更加顺滑。

移除水印:免费额度用户可付费升级 Gen-2 版本去除生成视频中的水印。

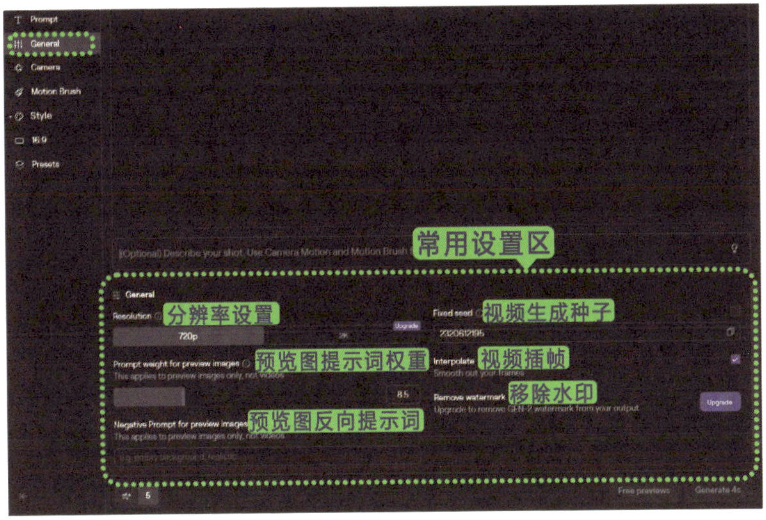

图 2-17 Gen-3 常用参数

3. 镜头参数调节(Camera)

如图 2-18 所示,在此区域中可调节视频镜头的运镜方式,包括倾斜、移动、旋转、缩放,也可以直接用鼠标左键和中键在相机预览框中单击拖动操作。

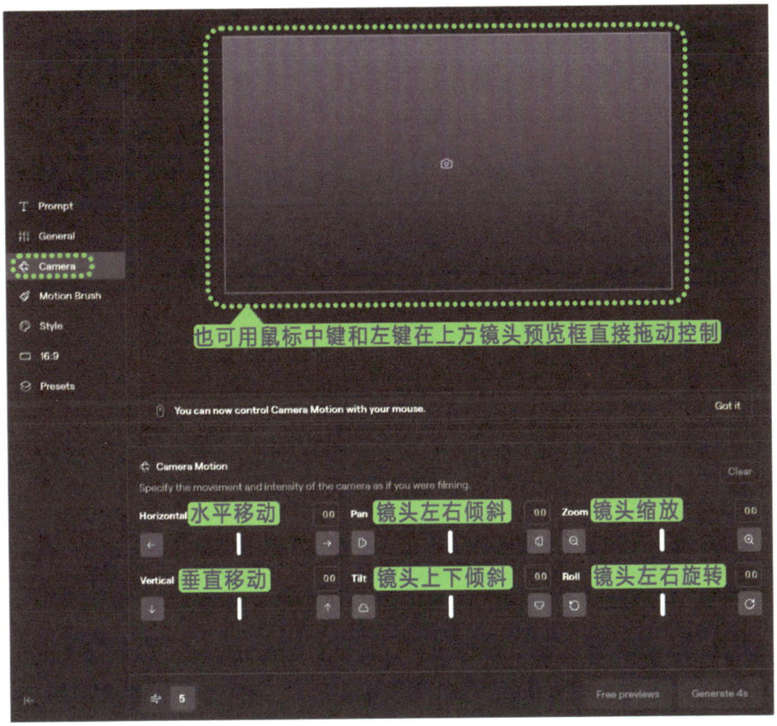

图 2-18 Gen-3 镜头参数调节

4. 运动笔刷(Motion Brush)

运动笔刷功能如图 2-19。

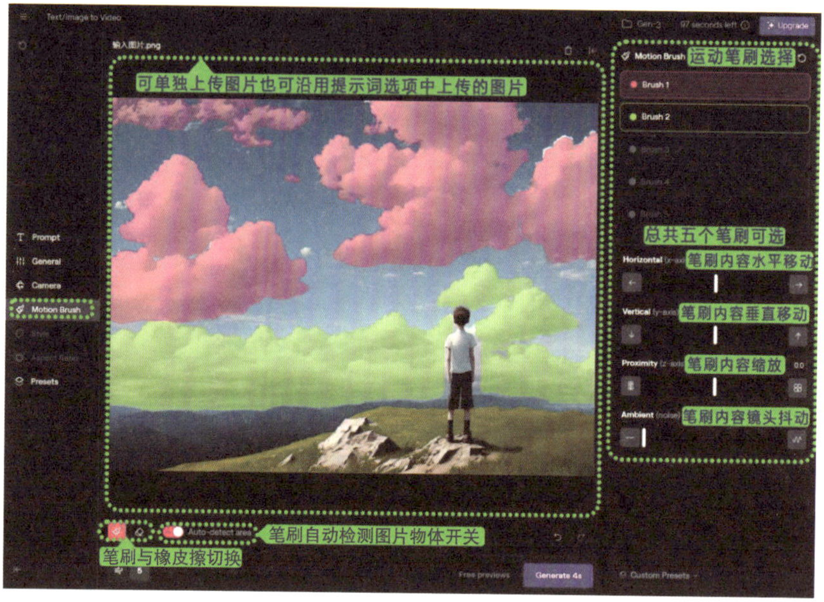

图 2-19　Gen-3 运动笔刷功能

5. 风格选择(Style)

风格选择只适用于文生视频,其内置大量风格可供选择,单击选择相应风格后,Style 会变为相应风格,输入提示词后即可生成相应风格的视频,如图 2-20 所示。

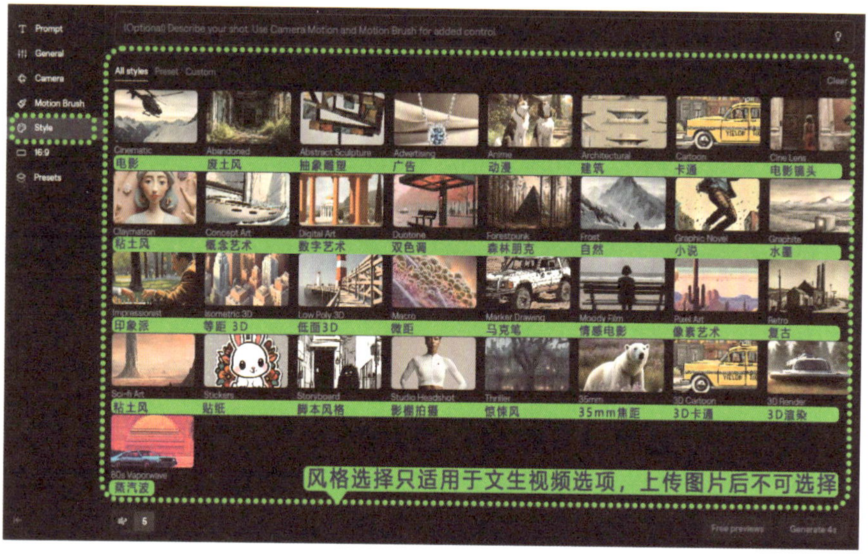

图 2-20　Gen-3 风格选项

6. 视频比例

视频比例设置只适用于文生视频，上传图片后，最终生成的视频长宽比例会按照上传视频比例自动设置，如图 2－21 所示。

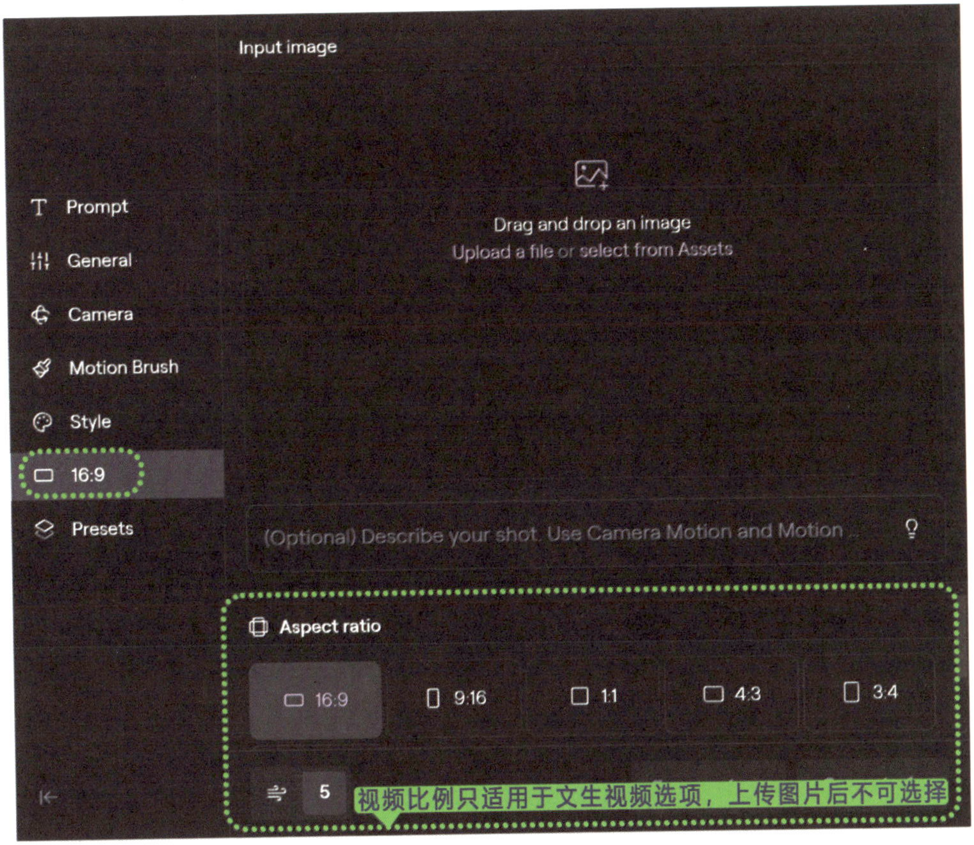

图 2－21　视频比例选项

7. 灵感提示词

每次单击灵感提示词按钮，提示词就会自动出现在提示词输入框中，这个功能比较适合在不知道该写什么内容时，让 AI 随机写一段内容，如图 2－22 所示。

8. 视频动态强度

如图 2－23 所示，单击绿色框中的图标即可出现视频动态强度说明，这个参数主要控制生成视频中运动幅度的密度，数值越高，视频的动感越强。

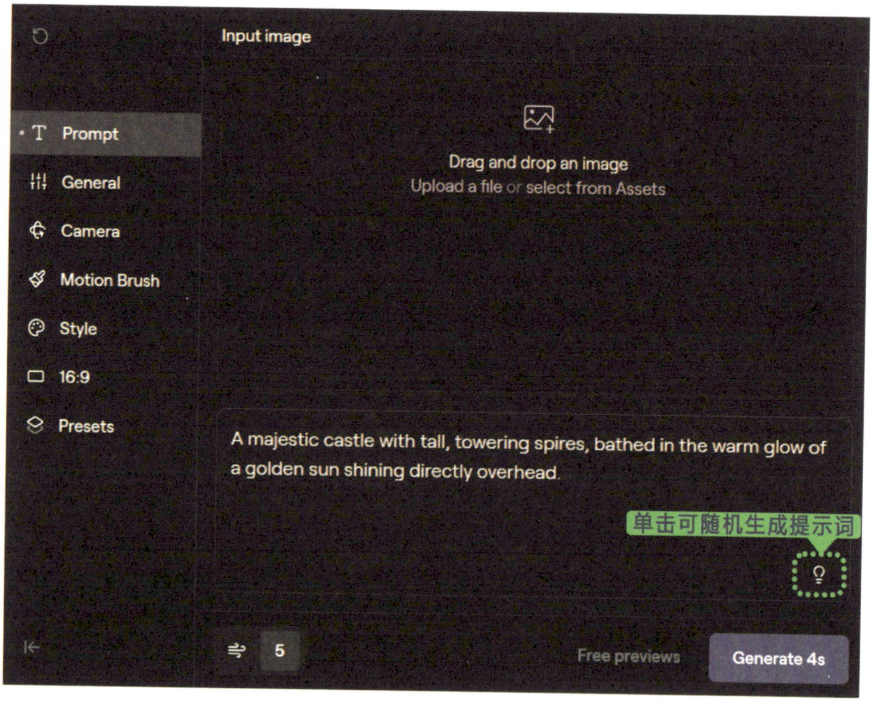

图 2－22　灵感提示词按钮

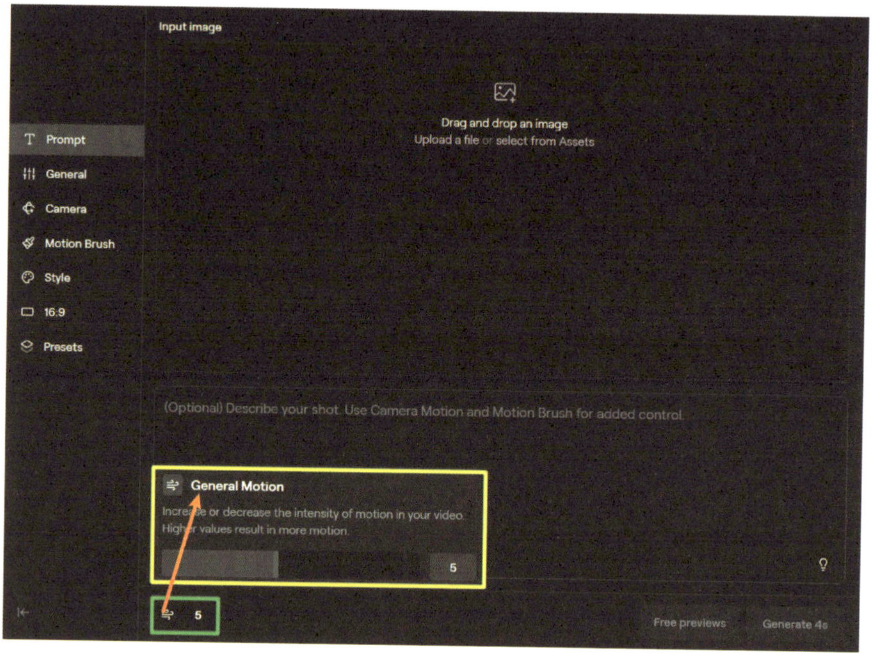

图 2－23　视频动态强度设置

2.3 Stable Video Diffusion

2.3.1 功能和特点

Stable Video Diffusion 是由 Stability AI 开发的生成式 AI 模型，能够使用文本和图像输入生成视频，其主要功能和特点如下：

① 生成能力：支持文本到视频和图像到视频的生成。

② 应用场景：Stable Video Diffusion 适用于媒体、娱乐、教育和广告等领域。它允许用户将文本和图像输入转换为动态的、电影级的场景。

③ 开源和研究导向：该模型在社区许可证下可用于非商业用途，鼓励研究和开发。代码和模型权重可以在 GitHub 和 Hugging Face 上访问。

④ 应用版本：Stable Video Diffusion 的基础模型可以部署到消费级计算机上，也可以访问 Stable Video Diffusion 官网使用在线版本。

⑤ 生成效率：在线版本生成速度很快，通常在 1 min 左右，并且可充值会员解除生成次数限制。

Stable Video Diffusion 可部署到 ComfyUI 中，本节主要介绍 Stable Video Diffusion 在线网页版本。

2.3.2 界面介绍

Stable Video Diffusion 的官方网址为 https://www.stablevideo.com/generate/，其界面主要由三大区域组成，如下：

1. 图生视频与文生视频

此区域主要由文生图与图生图操作区域以及社区用户生成效果展示组成，如图 2-24 所示。

2. 其他 AI 工具

其他 AI 工具为 Stability AI 开发的在线生成 AI 应用，具体功能如图 2-25 所示。

图 2-24　SVD 文生视频与图生视频

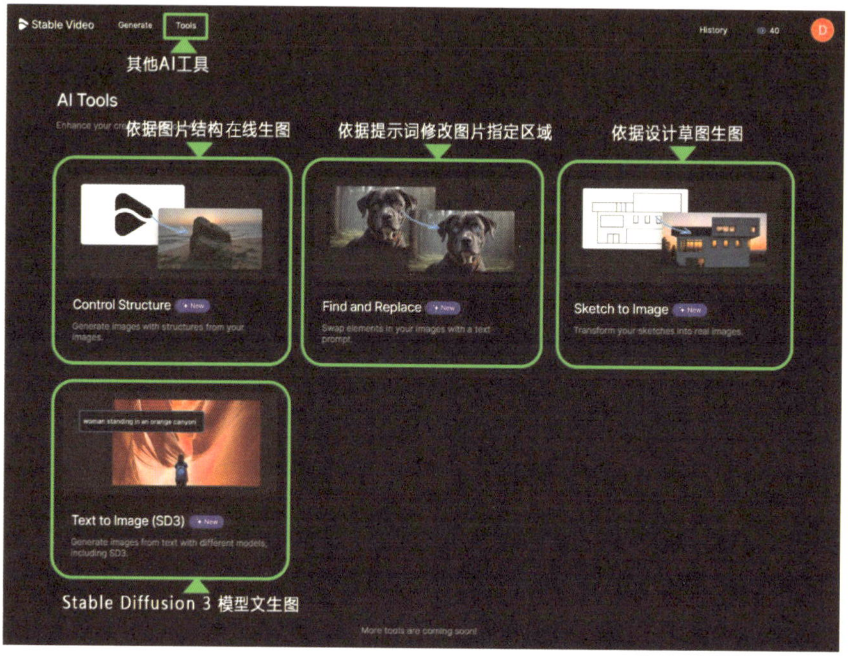

图 2-25　SVD 其他 AI 工具

3. 生成历史和账号与积分管理

生成历史会记录每一次的出图参数与时间，如图 2-26 所示，积分管理查看剩余生图积分，积分用完后可等第二天恢复试用积分或者直接单击购买积分。

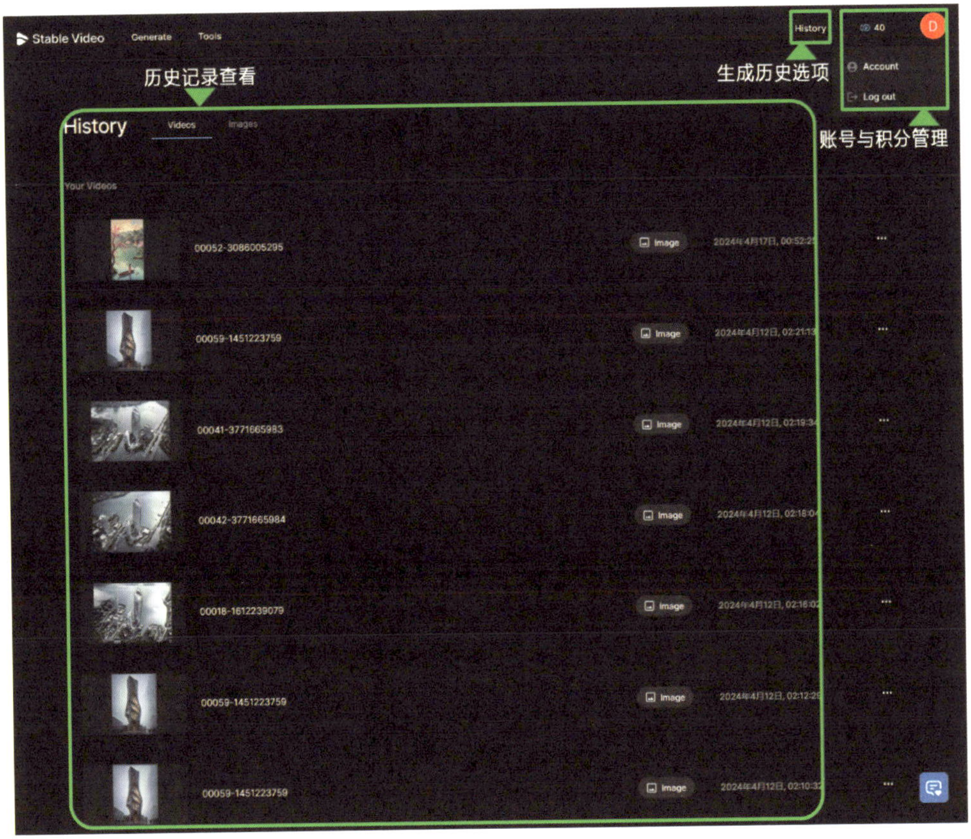

图 2-26　SVD 生成历史查看

2.3.3　调节参数介绍

1. 图生视频参数介绍

在图生视频操作区域中，只有上传了图像后，调节参数才会出现，接下来逐个介绍。

- 上传图像：如图 2-27 所示，上传图像后可直接单击生成按钮引导视频生成。上传图像尺寸最好是 1 024×768、576×1 024、768×768，因为 Stable Video Diffusion 视频大模型的训练集就是以这 3 个尺寸为主，用与训练集相同尺寸的照片生成的视频效果会更好一些。

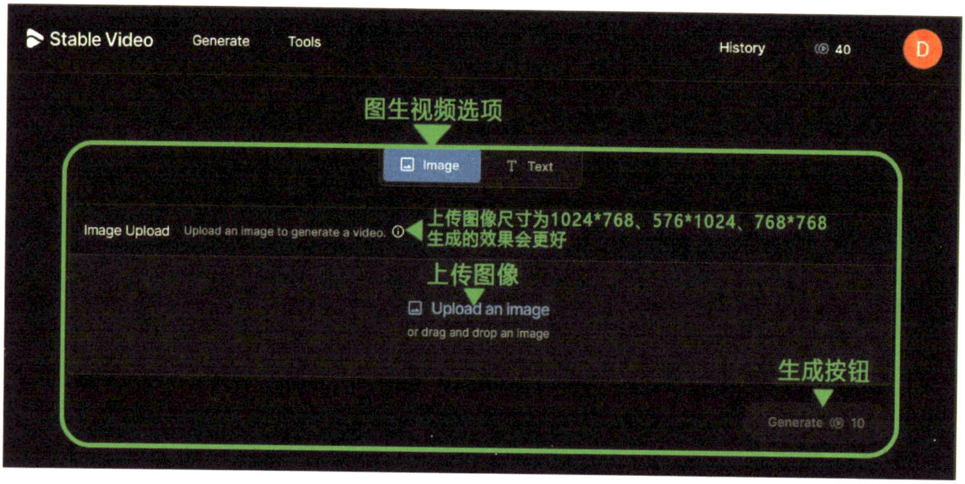

图 2－27　SVD 图生视频调节选项

- 调节参数：当图像上传后会出现可调节的参数，主要是相机运动控制以及高级选项。
- 相机控制：主要控制生成画面的运镜方式。所谓的运镜方式就是镜头和被拍摄物体之间的运动关系，如图 2－28 所示。

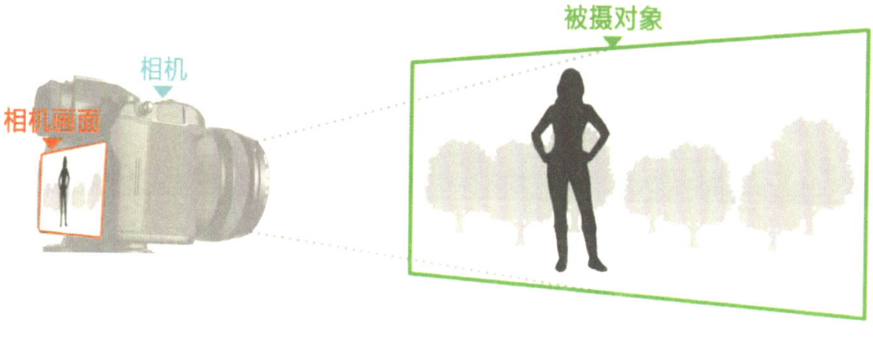

图 2－28　相机拍摄原理示意

Stable Video Diffusion 中被摄对象与相机之间的关系会最终影响相机画面，也就是最终的视频运镜方式。目前可调节的相机运镜方式如图 2－29 所示。

- 高级选项：高级选项中主要设置视频的种子值以及生成步数和画面运动幅度，具体参数如图 2－30 所示。

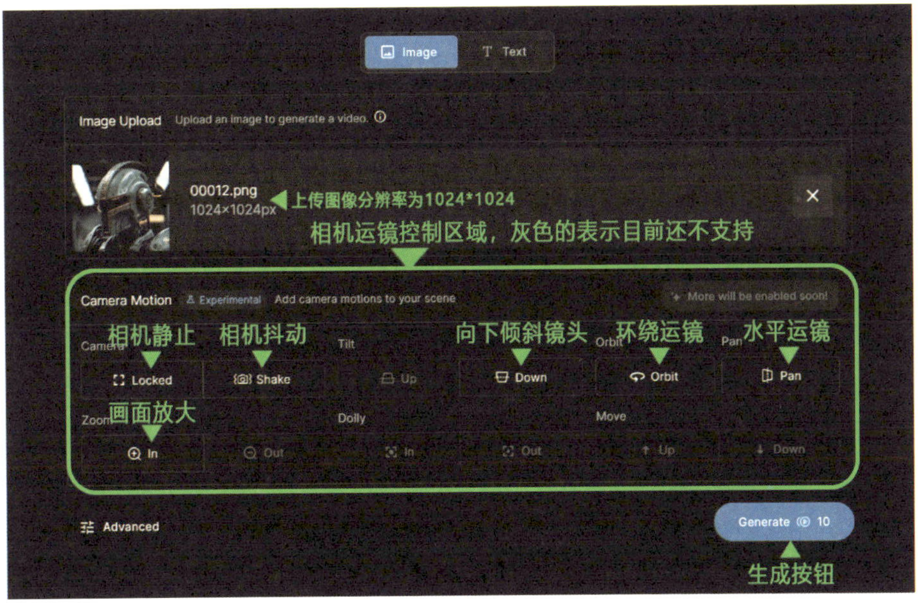

图 2－29　相机运镜调节选项

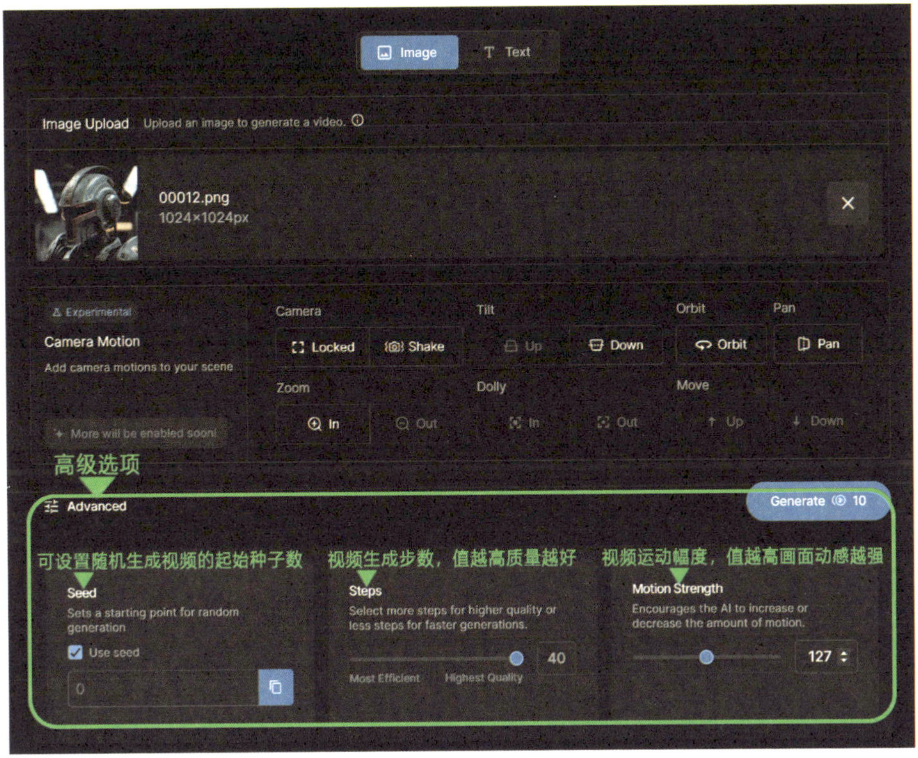

图 2－30　SVD 高级选项

2. 文生视频参数介绍

在文生视频操作区域中，其视频生成过程是：首先文生图生成四张图片，然后从中选一张你认为好的图片来生成视频，在这里，选择的视频长宽比是 16:9，视频风格为折纸风格，如图 2-31 所示。

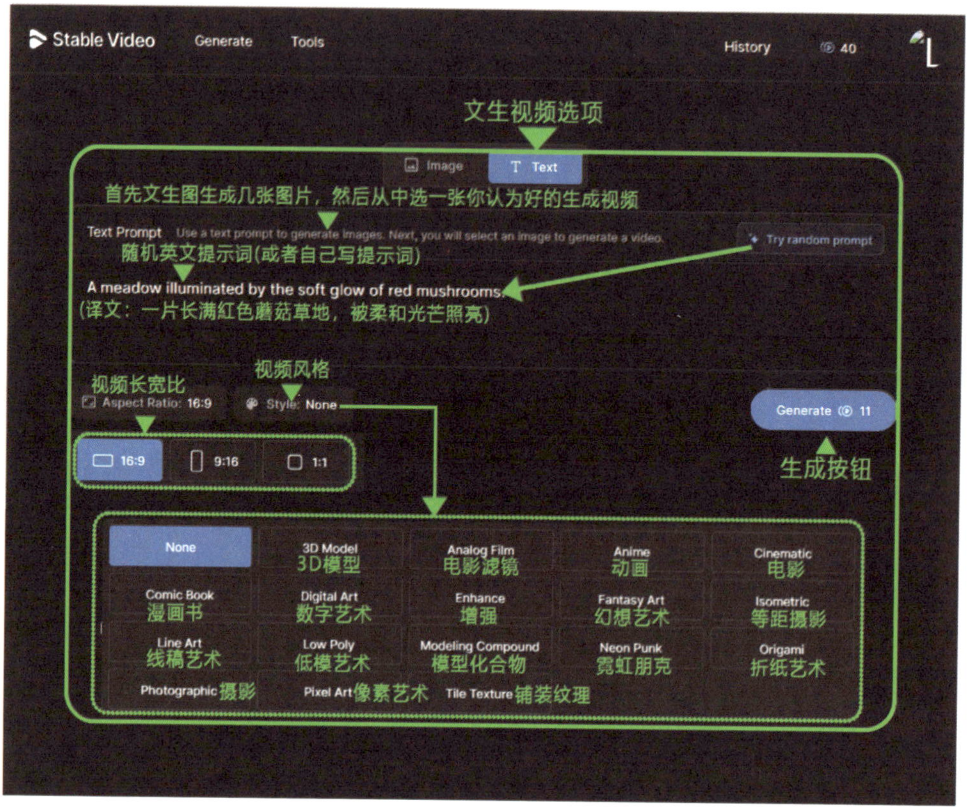

图 2-31 SVD 文生视频选项调节

单击生成按钮就会生成四张图片供用户选择，用户可选择自己中意的，然后调节运镜参数以及高级选项，调节好后单击处理按钮即可进行下一步图片生成视频，如图 2-32 所示。

视频生成好后可以预览效果，或者选择上一步其他三张图片来生成视频。也可继续调节运镜参数与高级选项从而继续生成满意的视频效果，调节位置具体如图 2-33 所示。

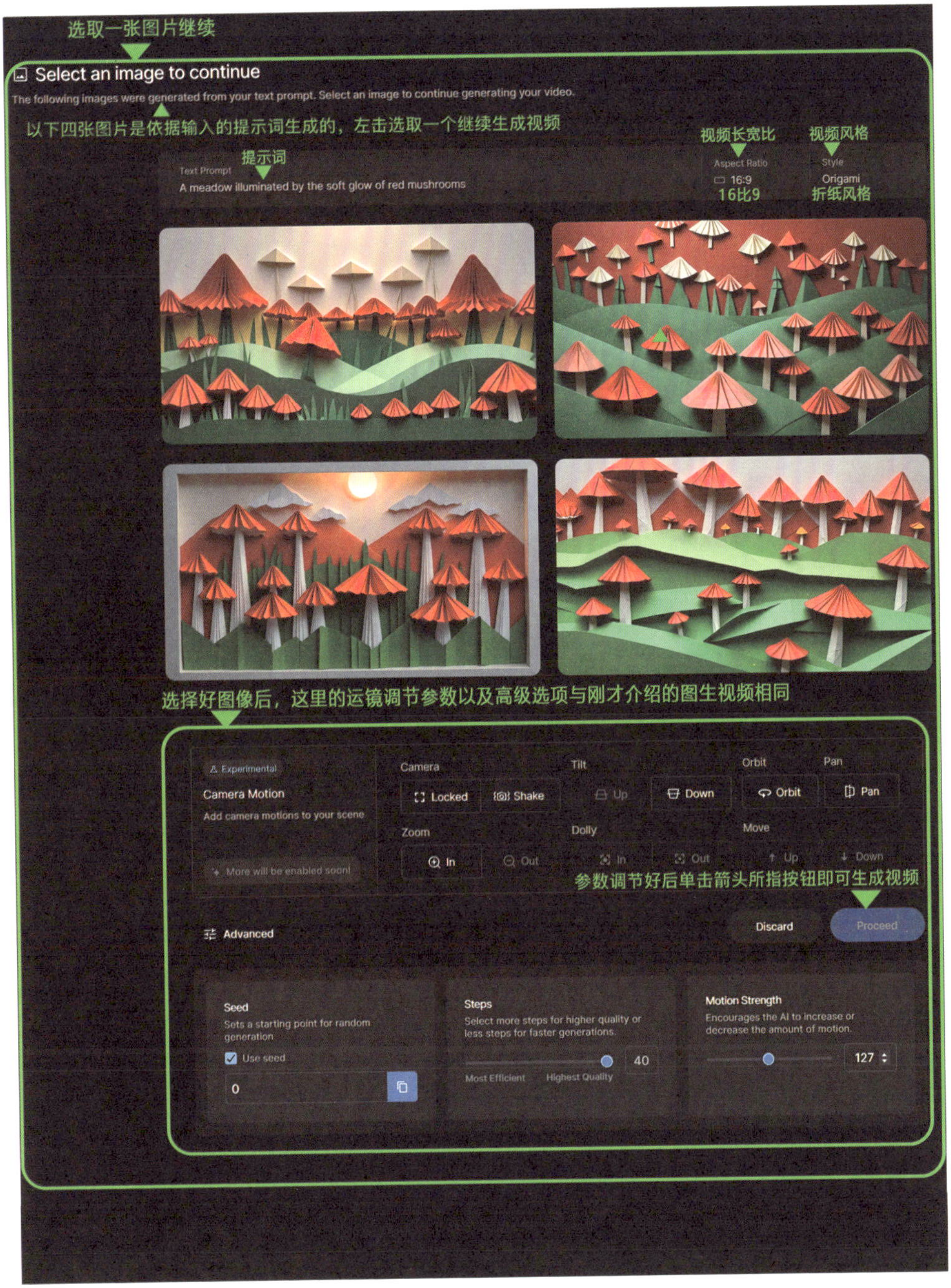

图 2-32　图片选择与参数调节

图 2－33　生成视频预览与参数调节

2.4 PixVerse

2.4.1 功能和特点

2024 年 7 月 24 日，爱诗科技发布了最新的视频处理产品 PixVerse V2。该产品采用前文在视频生成模型中提到过的 Diffusion+Transformer(DiT)基础架构，引入了自研的时空注意力机制，提供了更长、更一致、更有趣的视频生成能力。在模型能力提升的同时，PixVerse V2 还发布了新功能：在保证一致性的前提下，一次生成多个视频片段，可实现单片段 8 s 和多片段 40 s 的视频生成。

2.4.2 界面介绍

PixVerse 官方网址为 https://app.pixverse.ai/home，其界面中最主要的功能就是多片段视频生成以及文生视频和图生视频。PixVerse 界面如图 2-34 所示。

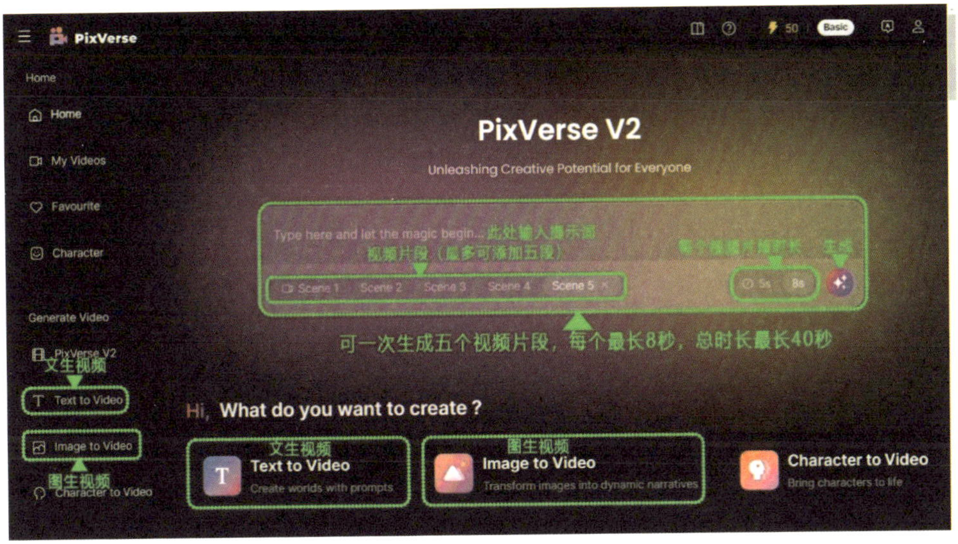

图 2-34　PixVerse 界面

2.4.3 调节参数介绍

● 文生视频：文生视频操作和前面介绍过的在线 AI 视频应用功能基本相同。注意在选用生成视频模型时，V2 版本模型要比 V1 版本模型每次生成多消耗 5 个积分，如果积分耗尽就需要充值，每个账户每天有 50 个免费积分，其他参数功能如图 2－35 所示。

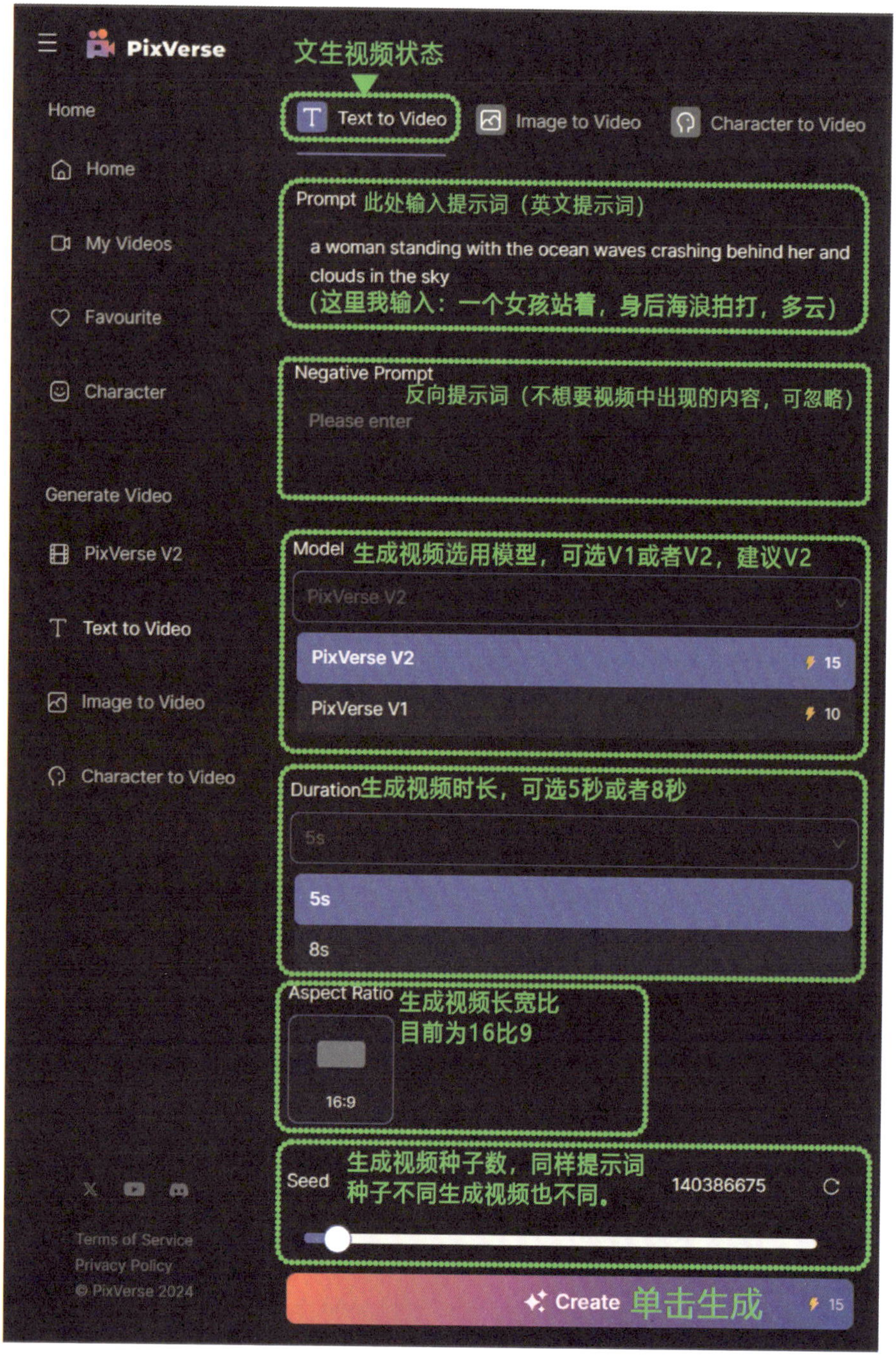

图 2－35　PixVerse 文生视频参数

- 图生视频：图生视频调节参数和文生视频相同，不同之处是多了上传图片的区域，需要注意的是最好上传 16∶9的图片，因为 PixVerse 目前只支持 16∶9 的视频。PixVerse 图生视频参数如图 2－36 所示。

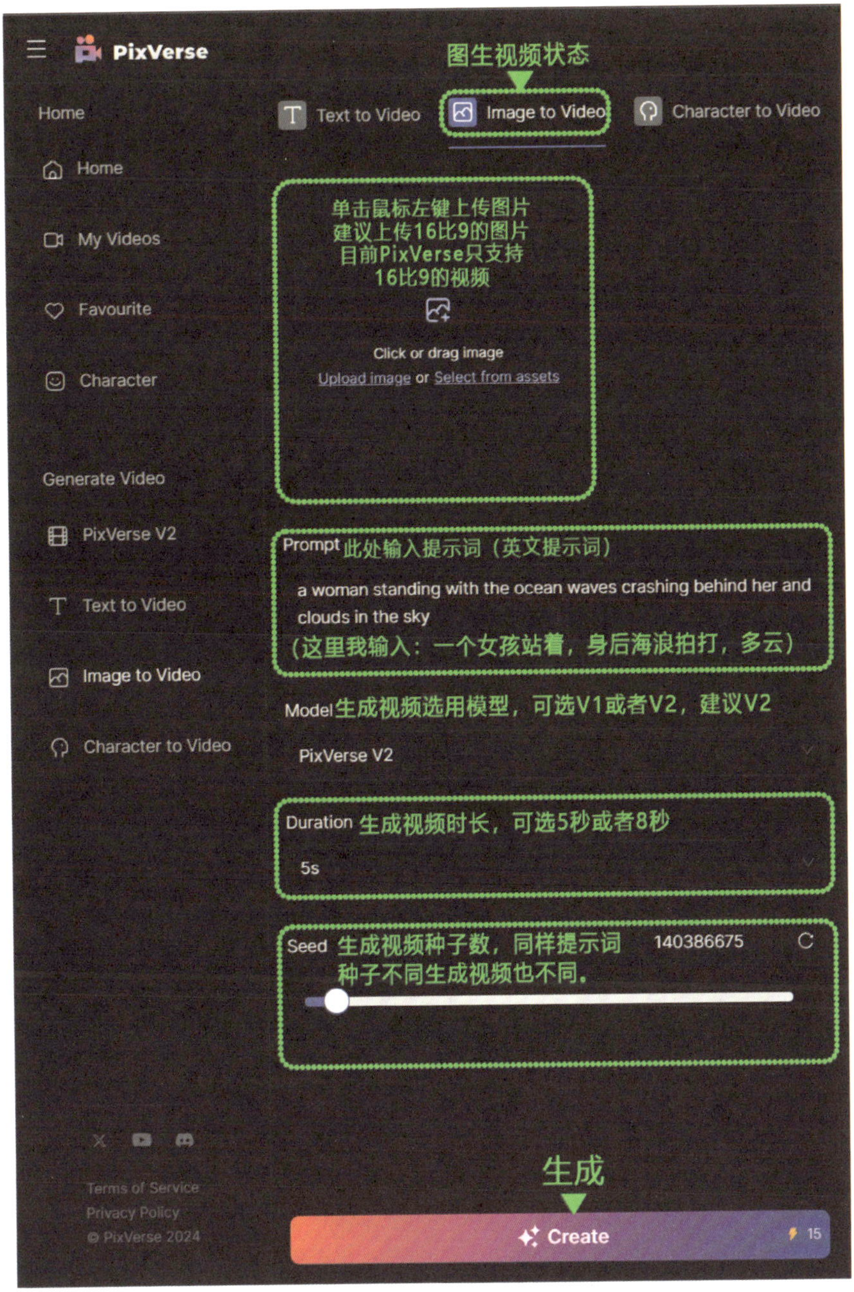

图 2－36　PixVerse 图生视频参数

2.5 可 灵

2.5.1 功能和特点

可灵文生视频大模型(KLING)是由快手大模型团队自研打造的视频生成大模型,具备强大的视频生成能力,用户可以轻松高效地完成艺术视频创作,具体特点如图 2-37 所示。

图 2-37 可灵文生视频大模型特点

图 2-37　可灵文生视频大模型特点(续)

可灵的图生视频模型以图像理解能力为基础，将静态图像转化为生动的 5 s 精彩视频。配上创作者不同的文本输入，即可生成多种多样的运动效果。其生成的视频动作幅度大、连续性强，是目前国内生成效果第一梯队的 AI 视频生成产品，效果如图 2-38 所示，可以看到猫咪的头转动非常明显，并且窗外的太阳位置也发生了变化。

图 2-38　可灵图生视频

可灵大模型支持对已经生成的视频进行一键续写，单次让视频运动延续 4.5 s，运动内容合理、幅度显著。同时可输入文本控制每一段续写内容，且支持连续多次的续写，最长可生成 3 min 的视频。如图 2-39 所示，续写的视频贴合了输入的文本控制，宇航员跳了起来飞向了太空。

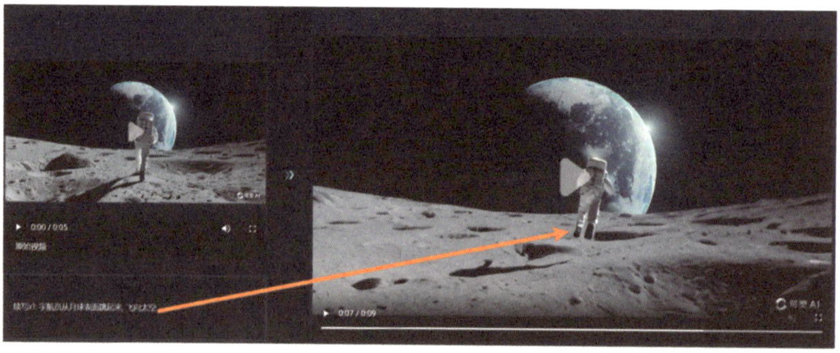

图 2 - 39　可灵视频续写

2.5.2　界面介绍

可灵官方网址为 https://klingai.kuaishou.com/text-to-video/new，其界面中最主要的功能就是文生视频和图生视频，具体界面如图 2 - 40 所示。目前可灵需要充值积分，送的积分可生成的次数不多，每次生成需要消耗 10 个积分。

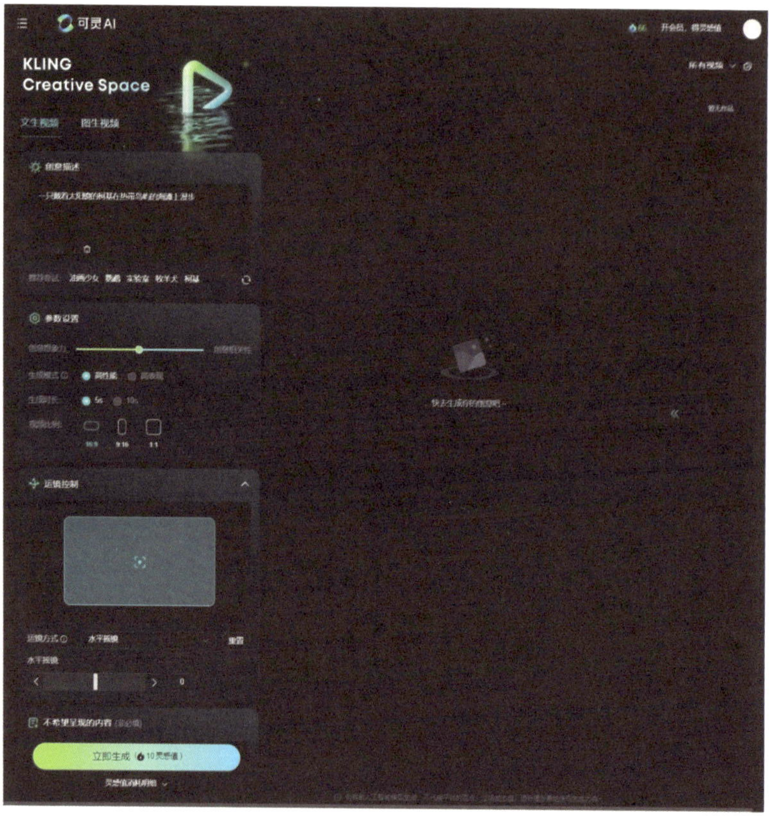

图 2 - 40　可灵界面

2.5.3 调节参数介绍

● 文生视频调节参数：相比于国外的 AI 视频生成应用，可灵是全中文界面，且做了详细的说明，通俗易懂，如图 2-41 所示。

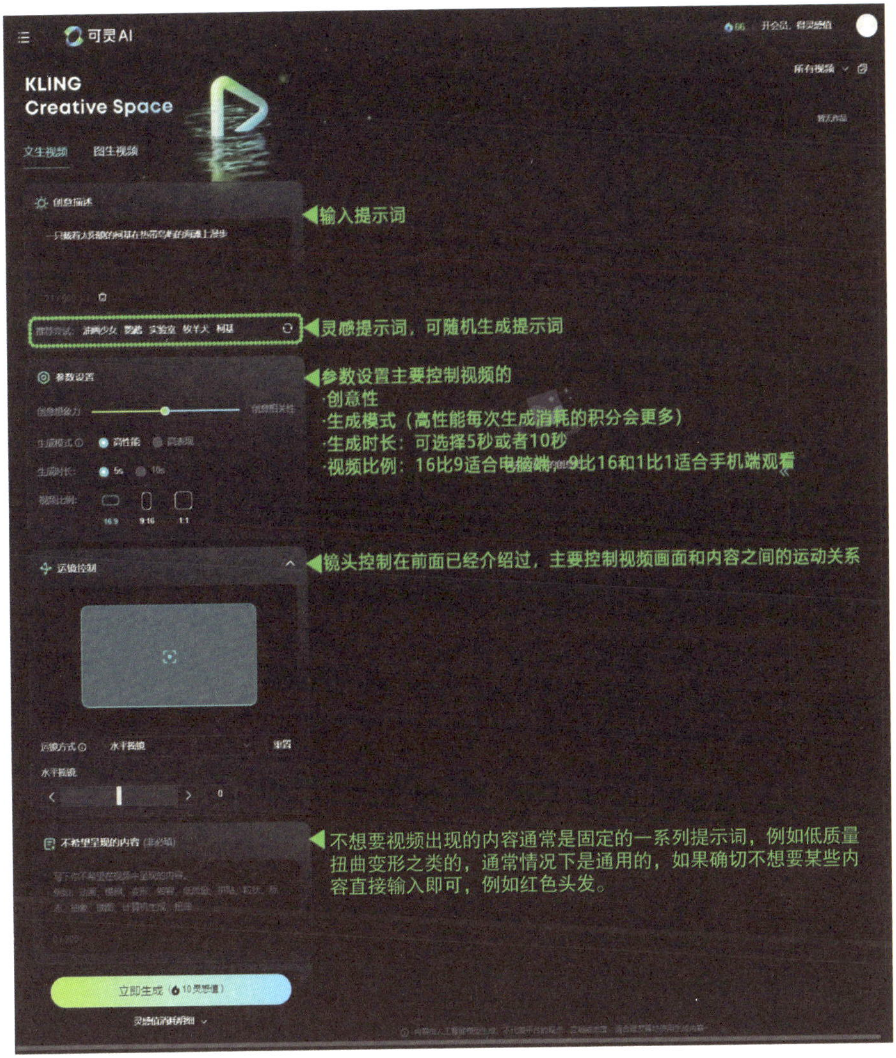

图 2-41 可灵文生视频调节参数

● 图生视频调节参数：图生视频除了多了上传图片的选项外，其他参数和文生视频相同，如图 2-42 所示，最大的不同就是图生视频状态下镜头控制不可用（后续应该会支持）。

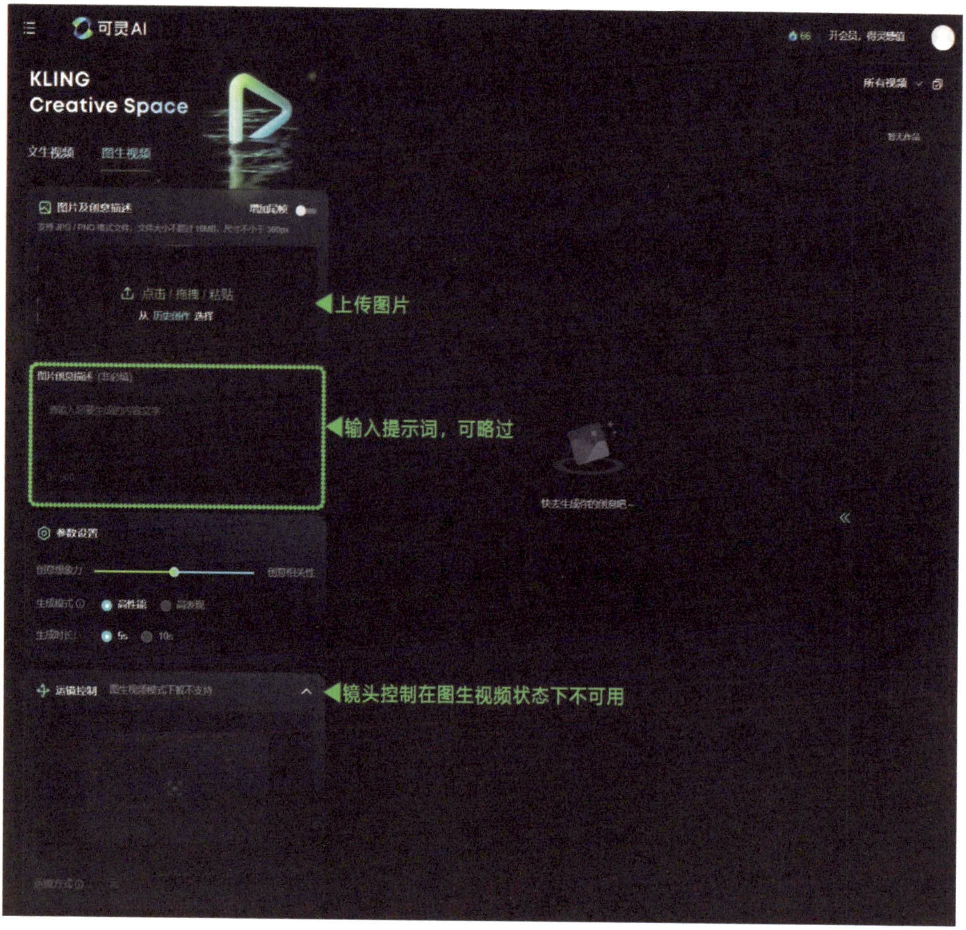

图 2-42　可灵图生视频调节参数

2.6　Luma

2.6.1　功能和特点

Luma 的 Dream Machine 是一个 AI 视频生成模型，可以通过文本或图像生成高质量、逼真的视频，其特点如下：

- 生成速度快：120 s 可生成 120 帧的视频。
- 画面具有美学质感：Dream Machine 可生成 5 s 的镜头，可呈现如电影般的构图和色彩，如图 2-43 所示。

图 2－43　Luma 生成视频的美学质感

- 视频生成遵循物理规则：Dream Machine 可以理解人、动物和物体在现实物理世界中的运作规律，可借用这些规则生成富有想象力的视频，例如“一只泰迪熊在海上游泳”，如图 2－44 所示。

图 2－44　Luma 生成视频遵循物理规则

- 流畅的画面镜头：Dream Machine 生成的视频镜头流畅，利用电影中的运镜方式和自然逼真的镜头运动，将视频内容和输入要求完美匹配。

Dream Machine 虽然已经是 AI 视频生成中第一梯队的模型，但仍存在以下缺点：

- 生成的视频变形：生成的画面可能会变形，例如生成的同一辆车的行驶视频，会出现车子在视频前后颜色和大小不一致的情况。
- 运动不合理：生成的视频可能有时无法准确表达画面主体的运行状态，例如

图 2－45 就是 Luma 生成的视频中的截图，狗在整个视频中一直不运动，像无生命的物体一样平移，出现了不符合现实世界的运动方式。

图 2－45　Luma 视频生成缺陷——运动不合理

- 无法准确表达文字：目前 Dream Machine 还无法准确表达提示词中确切输入的文字。
- 双头怪：生成的人物或者动物结构错误，会多手多脚甚至多头，如图 2－46 所示。

图 2－46　视频生成缺陷——主体不合理

2.6.2　界面介绍

Luma 官方网址为 https://lumalabs.ai/dream-machine/creations，其操作界面

简洁，由创建和账户两个选项构成，如图 2－47 所示。

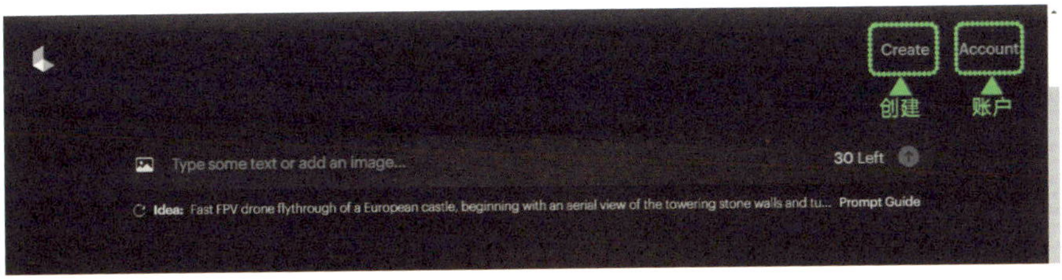

图 2－47 Luma 界面

● 创建：创建选项有文生视频和图生视频两个功能，并且可实时查看生成内容，如图 2－48 所示。

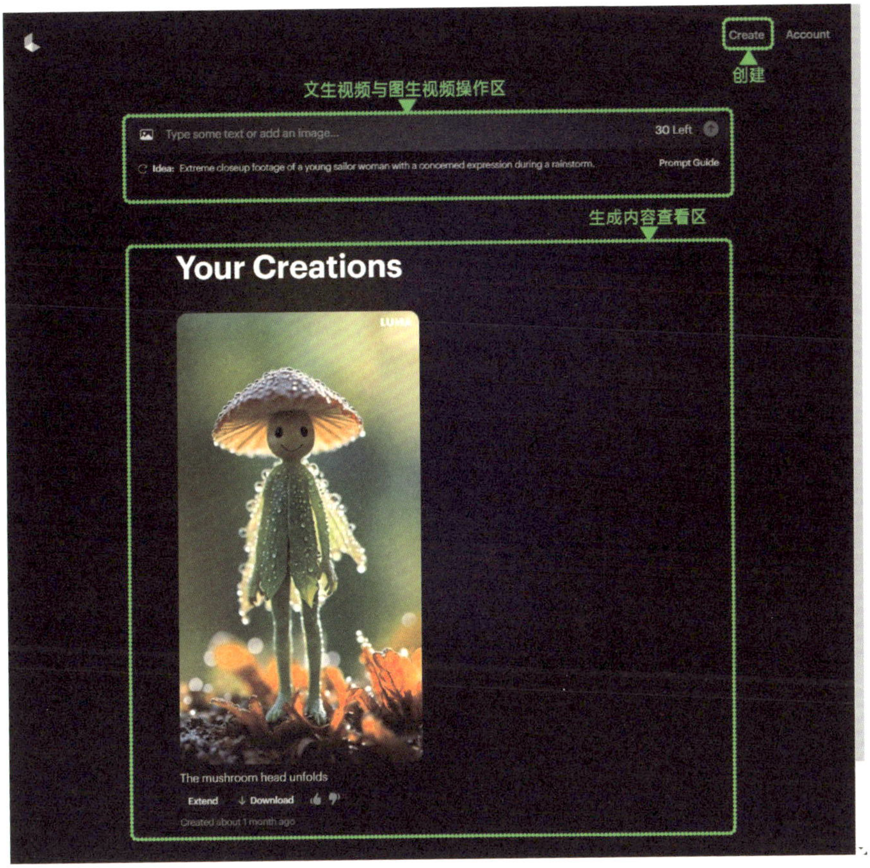

图 2－48 文生视频与图生视频操作区

● 账户：免费账户每个月可生成 30 次，付费账户可按年购买或者按月购买，每个购买方式都分为标准版、Plus 版本、Pro 版本、Premier 版本。费用依次递增，可生成视频的次数与质量也依次递增，付费账户生成的视频可商用并且无水印，如图 2-49 所示。

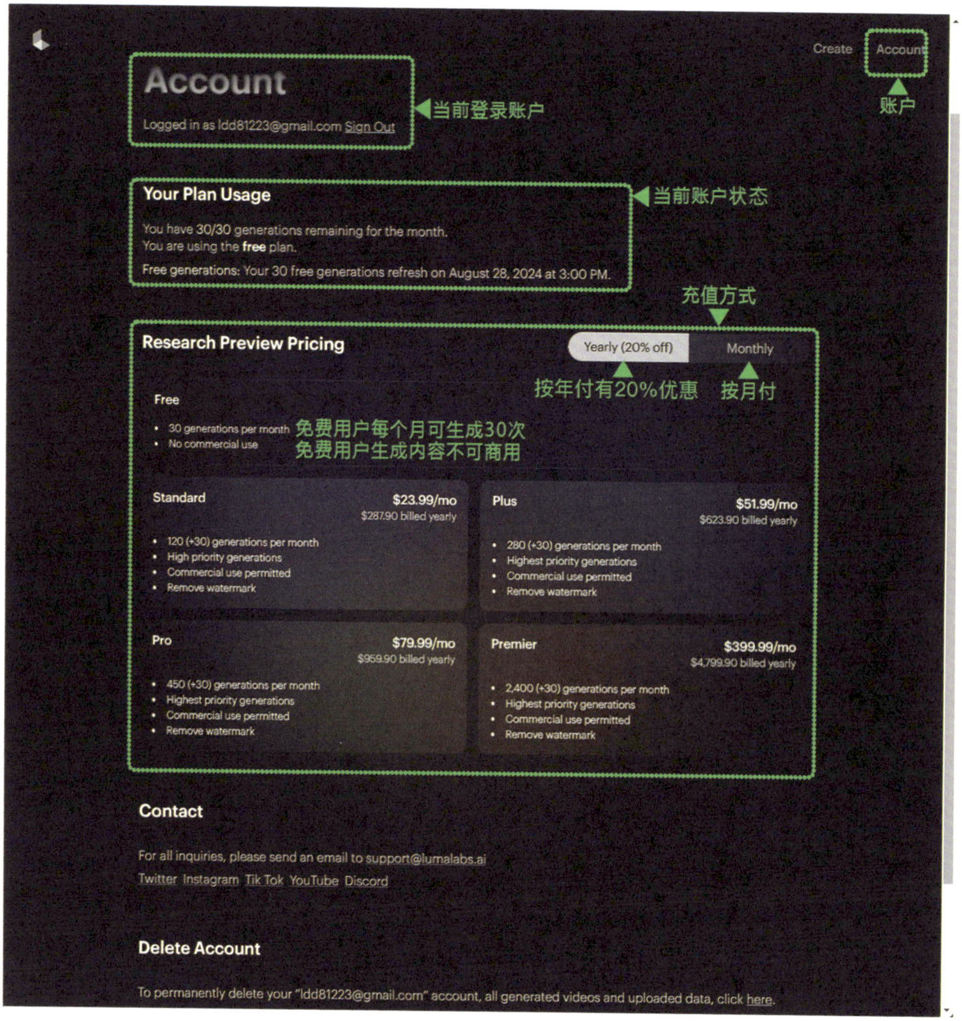

图 2-49 Luma 账户选项

2.6.3 调节参数介绍

- 文生视频：文生视频需要输入提示词，然后单击生成按钮即可，如果暂时没有想法也可以用灵感提示词随机生成一组提示词，如图 2-50 所示。当输入好提示词后会出现视频循环与提示词增强选项，可设置视频首尾循环连续和自动补充提示词，如图 2-51 所示。

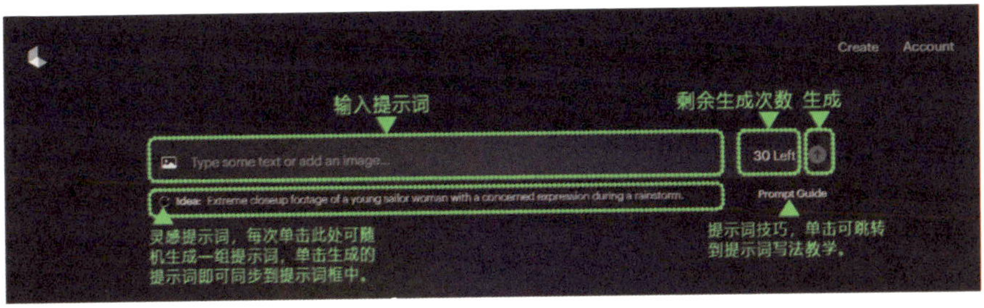

图 2-50　文生视频调节参数

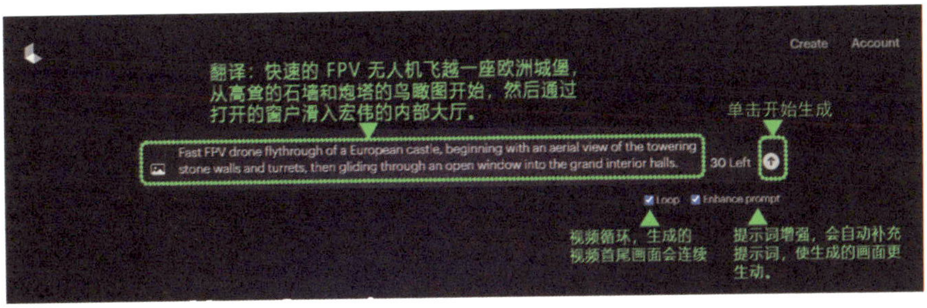

图 2-51　视频循环与提示词增强选项

● 图生视频：Luma 可以依据首尾帧图片来生成中间画面，并且视频生成较具合理性，只需要上传两张图片，然后输入相应提示词，单击生成按钮即可。注意当输入两张图片时，视频循环选项不可用。如果只上传一张图片，就是传统的图生视频功能，如图 2-52 所示。

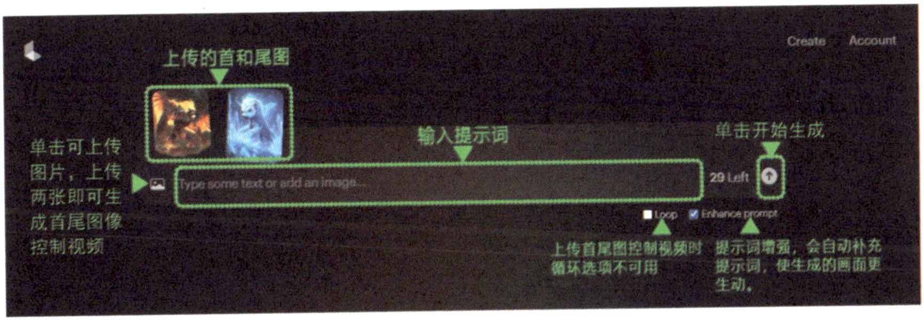

图 2-52　Luma 图生视频选项

第 3 章　Stable Diffusion WebUI

3.1　简　介

3.1.1　背　景

Stable Diffusion WebUI 以下简称 SD WebUI，是 Stable Diffusion 模型（1.1 节“视频生成模型”中的第 5 个模型，即“5. Stable Diffusion 模型（2022 年）”）的网页应用，目的是方便使用者在网页界面中直接操作 Stable Diffusion 模型进行图像生成。SD WebUI 启动后网页就是其操作界面，这个网页并非我们平常浏览的网页，而是利用 Gradio（一个用于快速创建和共享机器学习模型的 Python 库）定义输入和输出组件，从而创建一个 Web 界面。用户可以通过该界面与 Stable Diffusion 模型进行交互，具体流程关系如图 3-1 所示。

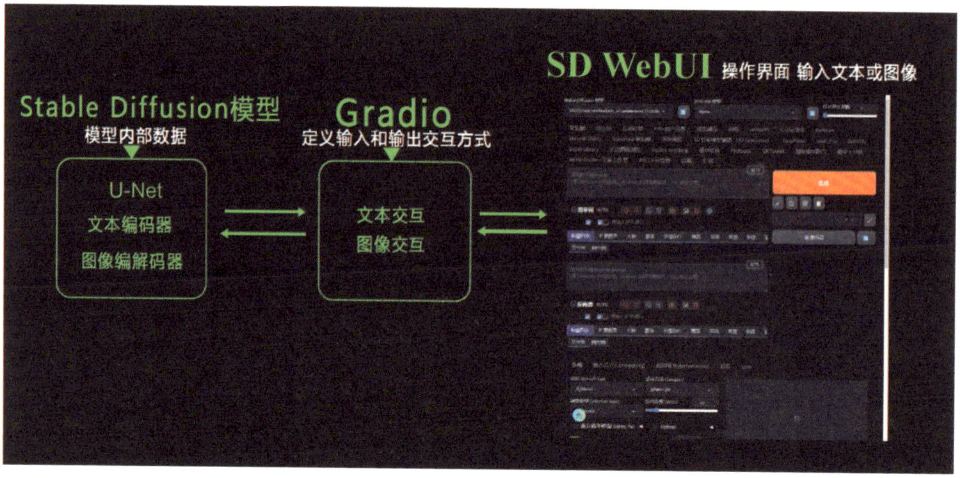

图 3-1　SD WebUI 中的 Gradio 交互方式

SD WebUI 网页交互式应用发布于 GitHub，网址为 https://github.com/AUTOMATIC1111/stable-diffusion-webui，通过 Git 和 Python 这两个应用部署到

本地计算机运行。但由于网络传输原因，建议直接用国内秋叶整合过的 SD WebUI，与原版本相比，秋叶版本优化了安装方式，直接下载压缩包，解压后运行启动器即可启动 SD WebUI，如图 3－2 所示。

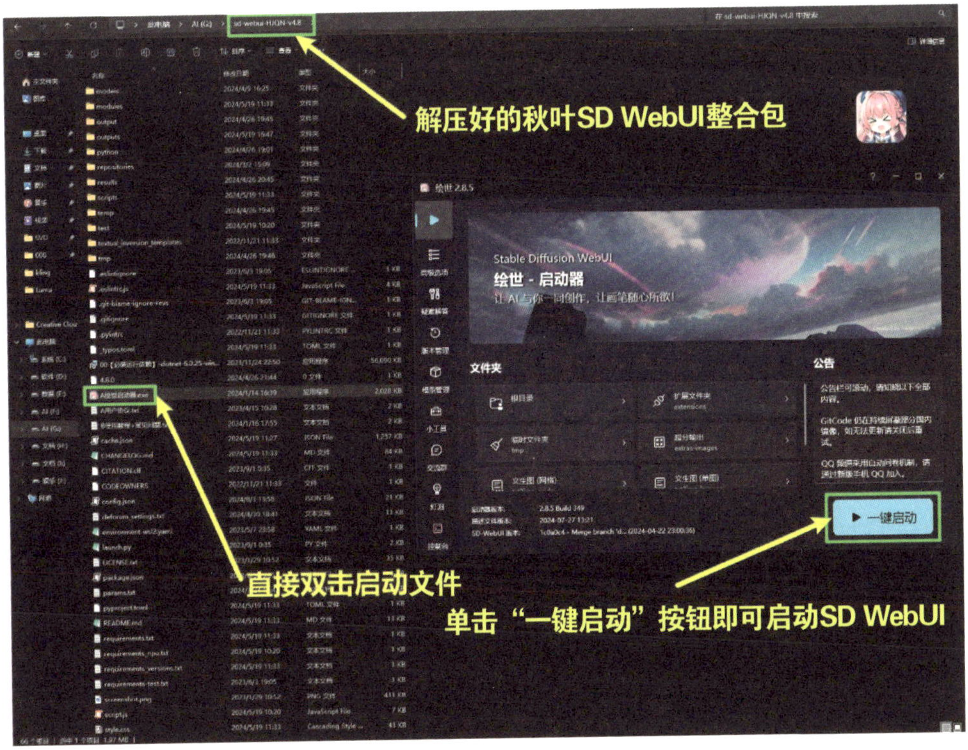

图 3－2　利用秋叶启动器启动 SD WebUI

3.1.2　功能和特点

1. 功　能

Stable Diffusion WebUI 是一个基于网页的界面，旨在简化使用 Stable Diffusion 模型的过程，主要功能如下：

(1) 文生图

用户可以通过输入文本描述生成高质量图像。该功能利用 Stable Diffusion 模型，可以将自然语言转换为逼真的图像。

(2) 图生图

用户可以上传一张图片，然后对图片依据提示词以及重绘幅度对图片进行修改。

(3) 视频转绘

用户可以对视频做指定风格的转绘，例如真人视频变 2D 动漫视频。

(4) Deforum 瞬息宇宙视频制作

如果你玩过万花筒，那么一定会对棱镜反射而成的对称图形感到惊叹。AI 世界也有类似万花筒类型的程序，它就是 SD WebUI 中的 Deforum 插件程序，其可以依据提示词或者所给的图像自由发散，形成绚烂的视频。其特点是形成的视频内容跳跃，富有想象力，会随意而又不失逻辑地连接各种画面元素。

(5) Animatediff 动态图像制作

Animatediff 能够根据用户输入的文本描述，自动生成相应的动态图像。相比 Deforum 插件，其生成的视频类似动图，内容连续性更高，画面没那么跳跃，适合生成几秒的动态图像，而不太适合作为长视频内容制作。

2. 特　点

SD WebUI 除了可以加载 Stable Diffusion 模型进行出图外，其网页化的界面也方便各种调节参数的加入，这使其更具特色。

(1) 批量处理

支持批量生成和处理图像，用户可以一次性处理多个图像，提高工作效率。

(2) 模型管理

加载不同模型：用户可以加载和切换不同的生成模型，不同的模型对应不同的画风，例如二次元、3D、写实模型等。

(3) 用户界面

直观操作：提供用户友好的界面，易于操作，适合没有编程背景的用户。

实时预览：实时预览生成的图像效果，方便用户进行调整。

(4) 插件和扩展

支持插件和扩展，使用户能够添加新功能和自定义界面，以满足特定需求。

(5) 开源和社区支持

SD WebUI 是开源项目，用户可以访问源代码并进行修改。此外，活跃的社区支持提供了丰富的资源和帮助。

3.2 安装与配置

3.2.1 操作系统要求

Linux 系统版本要求：具体版本号为 Debian 12、Ubuntu 22.04 LTS、Fedora 38、openSUSE Tumbleweed、Arch Linux、Manjaro、Gentoo。

Windows 系统版本要求：最低要求为 Windows 10、64 位，请确保系统已更新至最新版本，目前测试 Windows 7 是无法在本地运行 SD WebUI 的。

MacOS 系统版本要求：最低要求为 MacOS Monterey（12.5），如果条件允许，请使用最新版 MacOS。建议使用搭载 Apple Silicon M 芯片（M1、M2、M3）的 Mac 机型。不建议在旧款 Mac 机型上运行 SD WebUI，原因是出图速度太慢。

3.2.2 计算机硬件要求

Windows 和 Linux 平台目前是可以自己购买配件来组装计算机的，表 3－1 列出了不同档位计算机的硬件配置要求，分别有低端配置、中端配置、高端配置，读者可依据自己的经济状况自行搭配。

表 3－1 不同档位计算机硬件配置

硬 件	低端配置	中端配置	高端配置
显卡	英伟达 Geforce GTX 1050 Ti 到 1080 Ti；英伟达 Geforce RTX 3050 及 3050 Ti	英伟达 Geforce RTX 4060 到 4070 Ti；英伟达 Geforce RTX 3060 到 3080 Ti；英伟达 Geforce RTX 2060 到 2080 Ti	英伟达 Geforce RTX 4080 到 4090；英伟达 Geforce RTX 3090 和 3090 Ti
内存	16 GB	16 GB、32 GB	64 GB 及以上
CPU	Intel 或者 AMD 品牌下的 4 核处理器	Intel 或者 AMD 品牌下的 6 核处理器	Intel 或者 AMD 品牌下的 8 核处理器及以上
硬盘空间	30 GB 固态或机械硬盘	100 GB 固态或机械硬盘	150 GB 及以上固态或机械硬盘

目前，英伟达品牌的显卡在 Stable Diffusion 模型上运算速度最快，并且其显卡软件生态也更适合 AI 计算。图 3－3 是本书写作时推荐的民用英伟达显卡型号图，读者可依据表 3－1 选择合适的显卡。

3.2.3 安装步骤

以 Windows 为例，首先打开网页 https://b23.tv/UTecJCK，观看视频后可以在置顶评论中找到 SD WebUI 安装包下载链接，下载图 3－4 箭头所示的压缩包即可。

下载后解压到本地计算机磁盘，最好解压到非 C 盘的磁盘中。例如本书用7-Zip 解压软件解压到了 D 盘，如图 3－5 所示。

图 3 - 3　SD WebUI 显卡型号要求

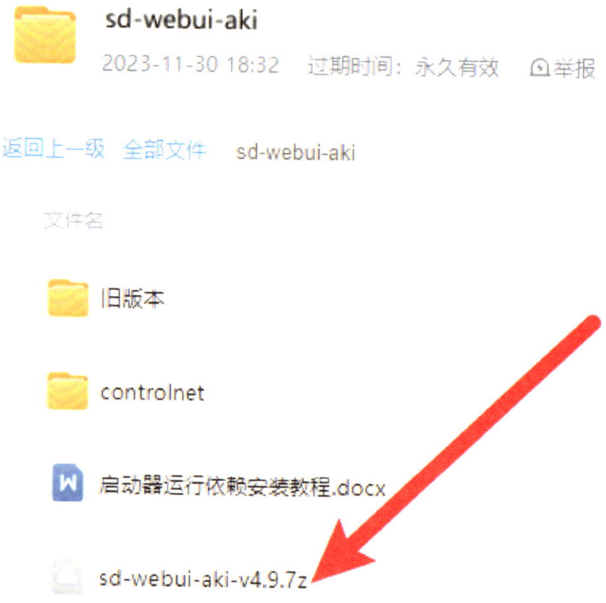

图 3 - 4　下载秋叶 SD WebUI 整合包

解压时输入解压码：bilibili -秋葉 aaaki，如图 3 - 6 所示。

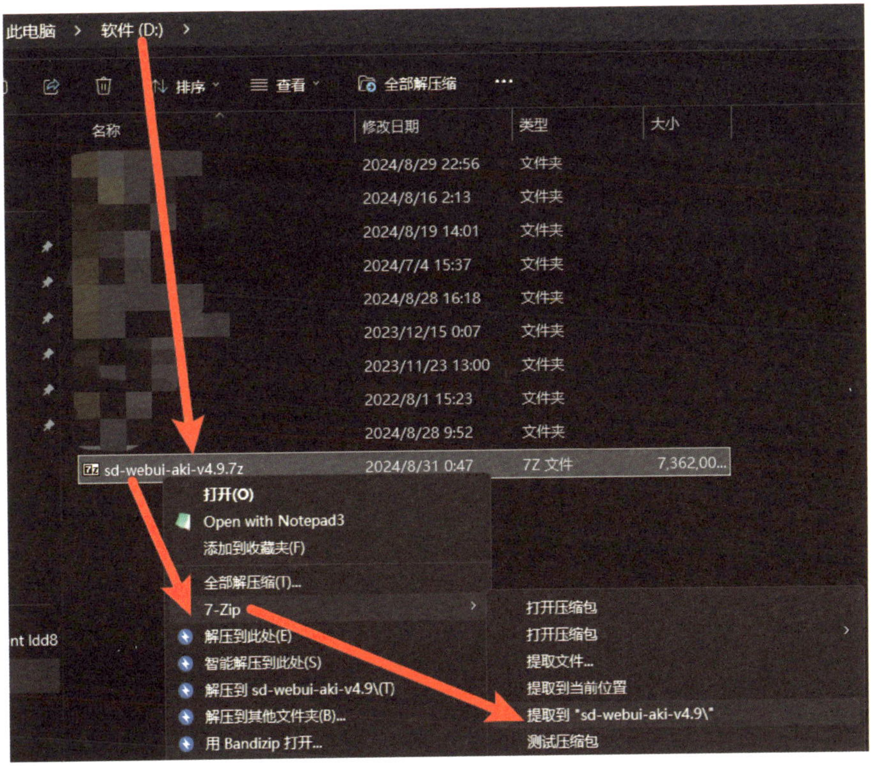

图 3-5 解压整合包

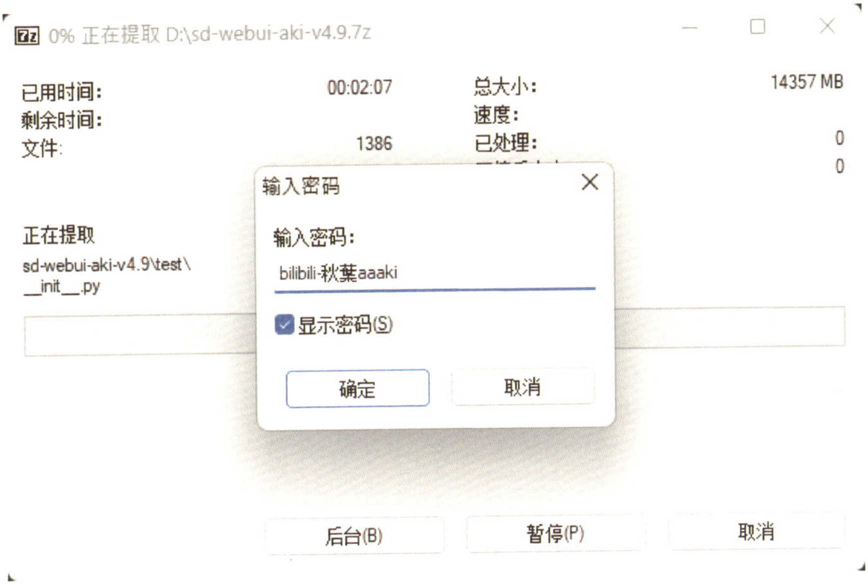

图 3-6 输入解压密码

进入解压好的文件夹后，双击秋叶启动器，然后再单击“一键启动”按钮即可，启动器会依据你的计算机自动配置参数，无需修改，具体操作如图 3－7 所示。

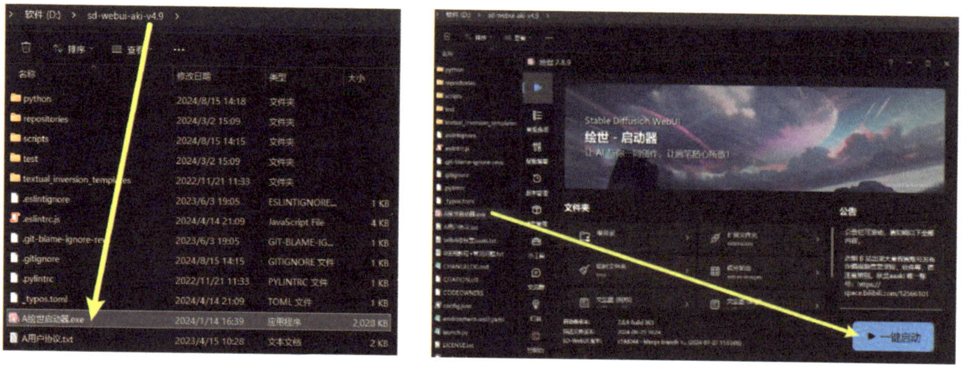

图 3－7　通过秋叶启动器启动 SD WebUI

启动成功后，浏览器会自动弹出 SD WebUI 操作界面，此时就算安装完成，如图 3－8 所示。接下来介绍 SD WebUI 中 SD 模型基础结构原理以及具体使用方法。

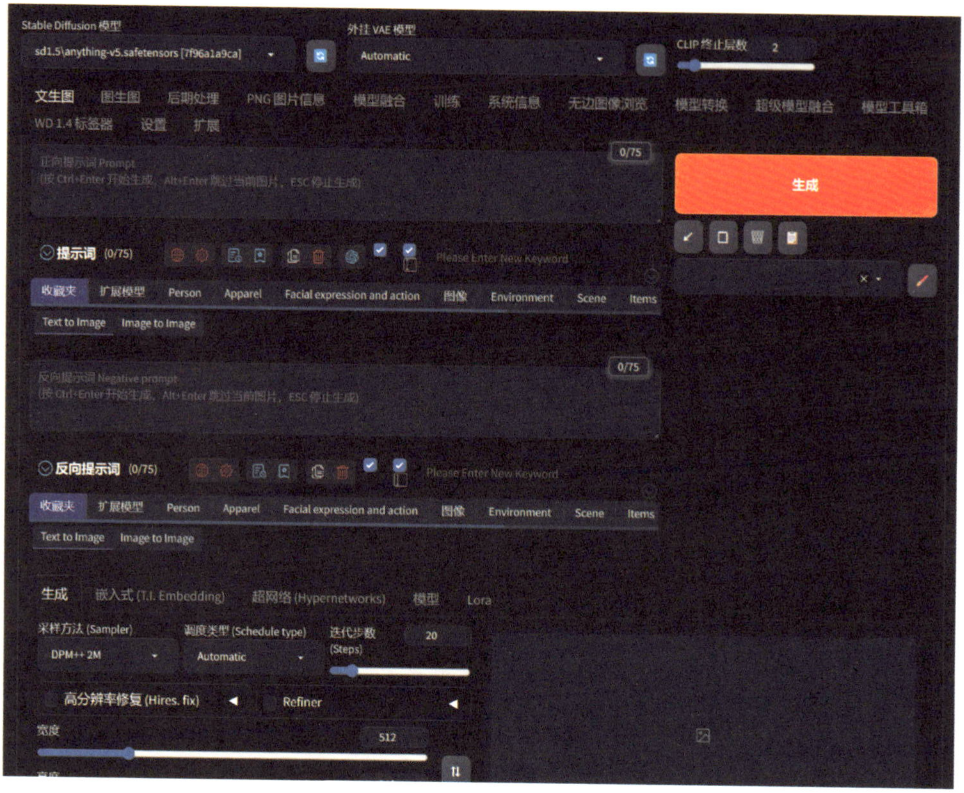

图 3－8　SD WebUI 操作界面

3.3 原理与使用方法

3.3.1 SD 模型的数据组成

在本书 1.1 节"视频生成模型"中，已经介绍过 Stable Diffusion 模型，但只聚焦于它的生图原理，而对于一个训练好的模型并没有特别关注。在开始介绍 SD WebUI 的使用方法之前，先了解 Stable Diffusion 模型的数据组成是非常必要的。

接下来以 Stability AI 公司发布的 Stable Diffusion 1.5 版本模型为例来介绍训练好的模型及其数据组成。SD 模型由三个小部分组成：CLIP 文本编码（TextEncoder）、图像信息创建器（U-Net＋调度算法）、编码器与解码器（Encoder & Decoder）。VAE（Variational Autoencoder），即变分自编码器，是一种生成模型，它通过学习输入数据在潜空间中的表示来重构输入数据，它由两部分构成，即 SD 模型组成部分中的编码器与解码器。因此这里 SD 模型由三个小部分组成，可重新表示为：CLIP 文本编码（TextEncoder），图像信息创建器（U-Net＋调度算法），图像编码和解码器（VAE）。

Stability AI 公司发布的 Stable Diffusion 1.5 版本模型大小为 8 GB，其中 SD 模型三个部分大小分别为：图像信息创建器（U-Net）约占 3.2 GB、CLIP 文本编码（TextEncoder）约占 480 MB、VAE 约占 320 MB。如图 3-9 所示，还多出来一个 3.2 GB 大小的 EMA（Exponential Moving Average）数据，即指数滑动平均。这部分数据可以理解为，训练模型时把最后一些步数的结果做平均，并单独保持下来，具体组成如图 3-9 所示。

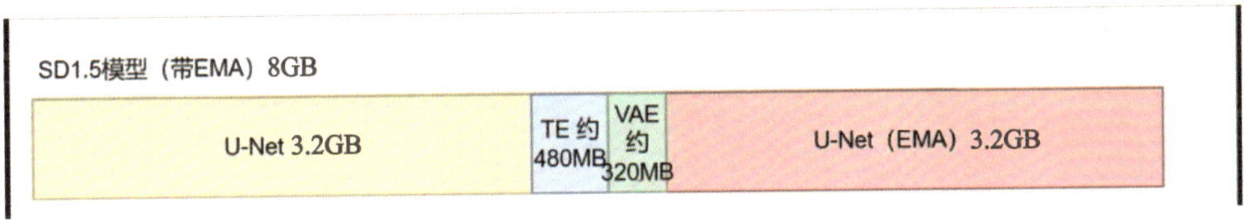

图 3-9 Stable Diffusion 1.5 版本模型数据组成

然而在 SD WebUI 中，不会用到 EMA 权重，因此去掉 EMA 数据后 Stable Diffusion 1.5 版本模型大小为 4 GB 左右，如图 3-10 所示。

在这个 4 GB 大小的模型中，其 U-Net 精度依旧是刚训练出来的 FP32 精度，但 SD WebUI 默认用 FP16 精度的模型，哪怕你用的是 FP32 模型，最终也会转成 FP16

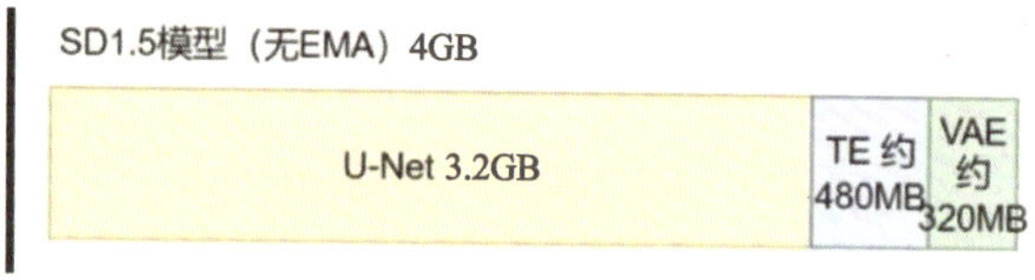

图 3-10　无 EMA 数据的 Stable Diffusion 1.5 版本模型大小

精度计算出图。当转换为 FP16 精度以后，U-Net 3.2 GB 大小的数据会缩小一半，因此现在模型大小也就变为 2 GB 左右，如图 3-11 所示。

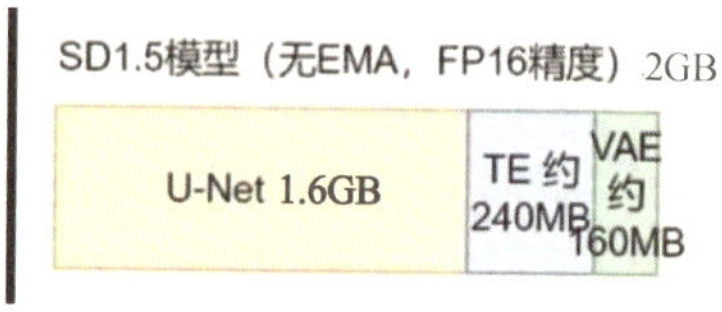

图 3-11　FP16 精度模型大小

当然，如果用户坚持，也可以选择使用 FP32 精度计算，但出图速度会很慢，而且显卡的显存占用也会多 1.6 GB 以上。

为了直观说明数据大小，可以打开专业的模型网站来查看。进入 https://www.liblib.art/，搜索 INS-RB Realistic，单击进入后就可以看到详细信息：这是 SD1.5 版本的大模型，其数据大小为 2 GB，说明是以 Stability AI 公司发布的 Stable Diffusion 1.5 版本模型为基础，然后重新用图片微调训练过的大模型，如图 3-12 所示。

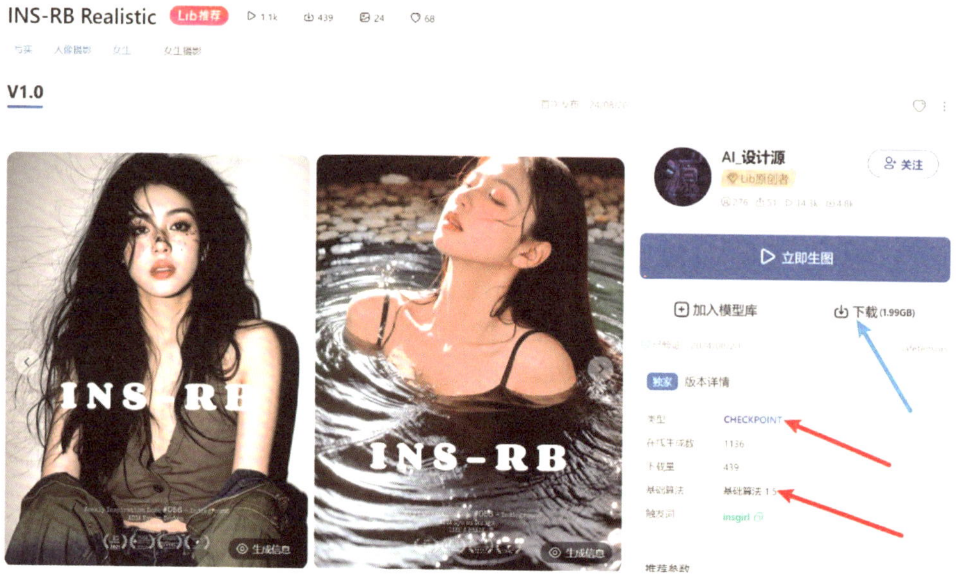

图 3-12　模型数据大小示意

除了 SD1.5 版本模型外，Stability AI 公司在后续还开源了 SDXL 和 SD3 版本大模型，其架构以及数据组成都发生了一些变化，有兴趣的读者可以前往其官网深入挖掘，受限于篇幅，本书主要以 SD1.5 版本模型为主要介绍对象。

3.3.2 SD WebUI 使用前的设置

通过前面学习秋叶版 SD WebUI 整合包的下载步骤后，相信大家已经启动了 SD WebUI。接下来将讲解如何设置 SD WebUI，从而让使用更为高效。

如果显卡型号为 1050 Ti、1650 等显存为 4 GB 的显卡，建议在秋叶启动器中打开共享显存选项，避免因显存不够而引起出图崩溃，开启位置如图 3-13 所示。

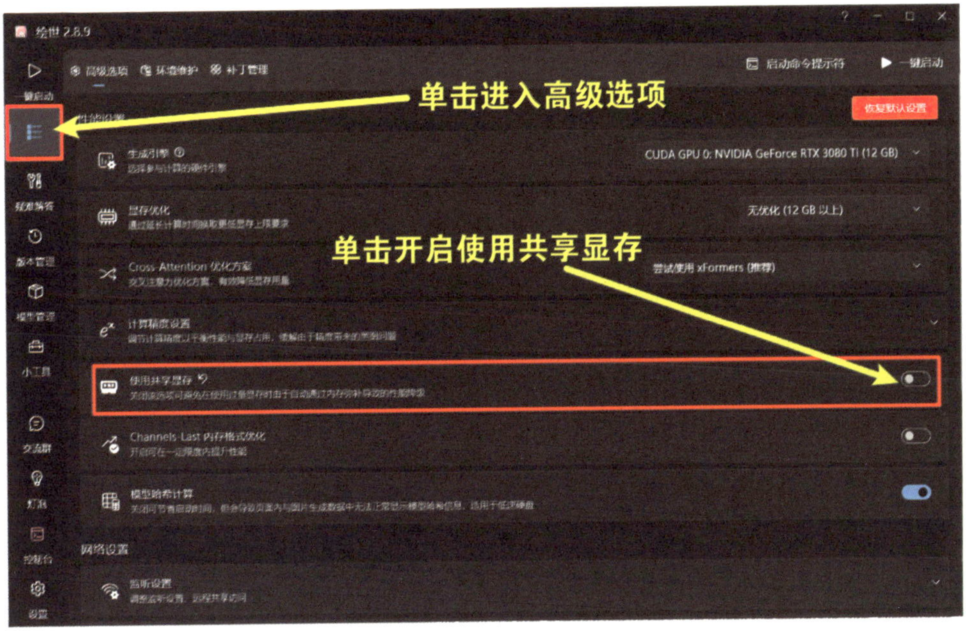

图 3-13 秋叶启动器设置

高级选项允许在显存不足的情况下将 Stable Diffusion 模型数据转移至内存中处理。值得注意的是，内存大小最好大于或等于 16 GB，不然易导致系统内存满载而影响系统运行。计算机的内存与显存信息查看方式如图 3-14 所示，同时按住键盘中的 Ctrl+Shift+Esc 键，在弹出的任务管理器中单击性能选项卡，即可查看。内存建议是大于或等于 16 GB，如果依靠 8 GB 内存运行，则出图过程很容易崩溃。单击 NVIDIA 名称开头的显卡后，在右侧的专用 GPU 内存中即可查看当前显卡的显存大小。如果计算机配置实在太低，则可以按照前面提到的计算机硬件要求进行升级。

如果计算机装有其他浏览器或杀毒软件（例如 360 杀毒），那么建议在秋叶启动

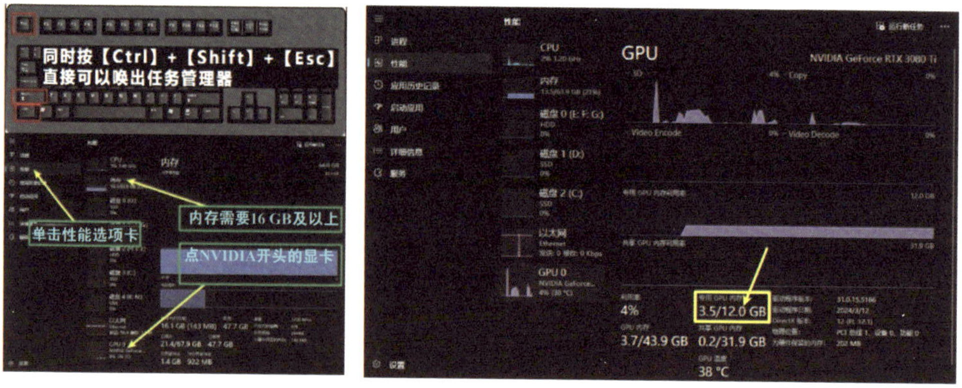

图 3－14　确认显卡满足要求

器的设置选项中将浏览器修改为 Windows 自带的 edge 浏览器（如果计算机中安装了谷歌浏览器，则可修改成谷歌浏览器）。目前，SD WebUI 在 edge 浏览器和谷歌浏览器中运行是最稳定的，在其他浏览器中容易出现连接问题甚至操作页面报错。具体设置如图 3－15 所示。

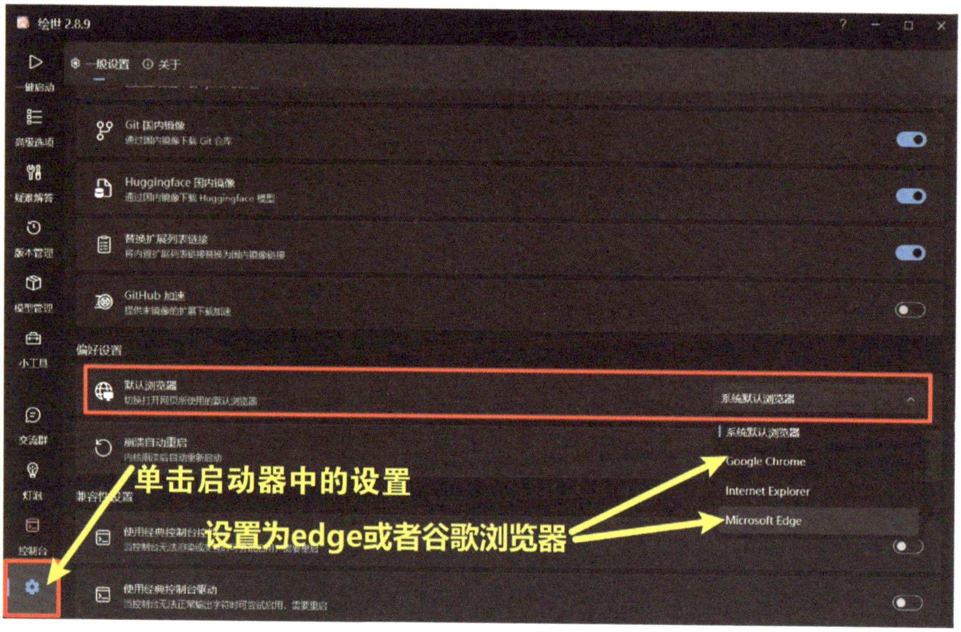

图 3－15　在秋叶启动器中设置浏览器

在设置好启动器和浏览器后，重启 SD WebUI 设置即可生效，具体重启方式为在秋叶启动器的控制台选项中查看现状，如果已经运行了 SD WebUI，则单击“终止进程”按钮即可停止运行，然后再单击旁边的“一键启动”按钮即可重新启动。控制台是 SD WebUI 运行过程的可视化端口，每一次的出图及软件运行的指令都会以英文的形式显示在这里，方便用户了解出图进程以及后续对报错的排查。如果没有运行 SD WebUI，则可直接单击控制台选项中的“一键启动”按钮，或者单击左侧栏上方的“一键启动”按钮也可以启动 SD WebUI。具体位置如图 3 - 16 所示。

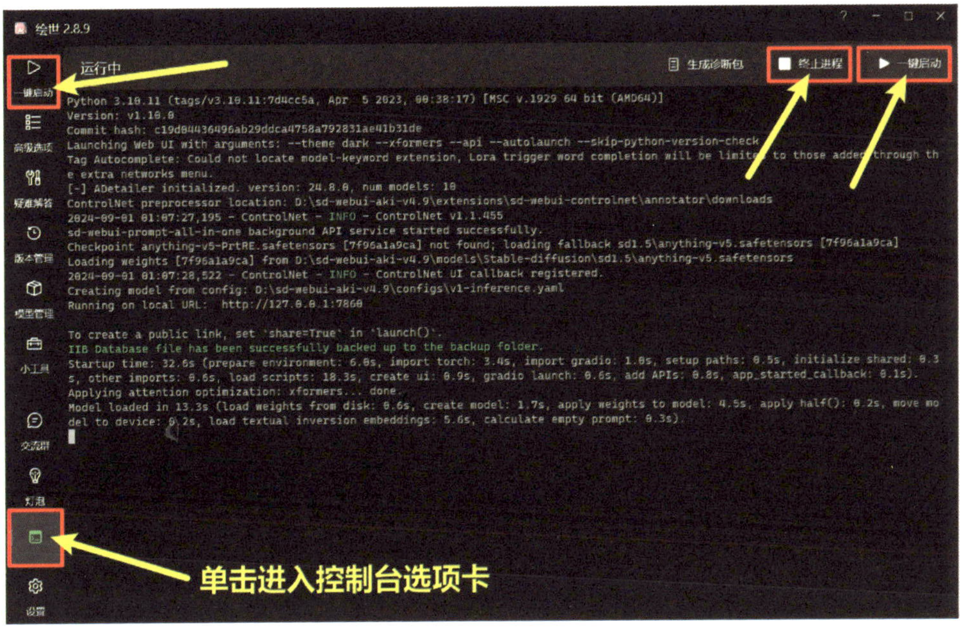

图 3 - 16 SD WebUI 重启方式

3.3.3 文生图与图生图

在讲解文生图与图生图操作之前需要先讲解一下 SD WebUI 的整个出图流程。首先需要输入提示词，也就是用英文描述你想要出图的内容；然后挑选模型。下面介绍 SD WebUI 中的模型，其主要分为 4 种：超网络模型（Hypernetworks）、Stable Diffusion 模型（也称 Checkpoint 模型，以下介绍用 Checkpoint 模型代替）、Lora 模型以及嵌入式（Embedding）模型。其中，Hypernetworks 在生图过程中很少用到，本书就不做介绍了。所谓的模型在 AI 绘图领域中，具体指用图片数据对算法程序进行训练，让机器来学习各类图片的信息特征，训练后生成的文件就是模型。

➢ Checkpoint 模型

Lora 模型与 Embedding 模型依赖于 Checkpoint 模型存在，可以理解为 Checkpoint 模型为绘画中的方向，比如说想要写实绘画或者动漫插画方向。图 3 - 17 所示为 liblib 模型网站（https://www.liblib.art/）所示模型分类。注意并不是每个分类里面的 Checkpoint 模型只能做这个方向的绘画，例如做服饰方向的大模型也可以出插画方向的图，只不过该模型在训练时是有专门针对服饰的方向，出图效果会更好。

图 3－17　Checkpoint 模型分类

➢ Lora 模型

在选择好想要的方向后如果还需要微调一些特征（比如，想要动漫风格 Checkpoint 模型中带一些简笔画的倾向），这时就需要用到 Lora 模型了。图 3－18 是利用

图 3－18　利用动漫大模型生成的图片

动漫大模型生成的一张图，提示词内容为“一辆汽车在海边公路上，蓝天白云”，可以看到其画面是明显的动漫风格。

在所有提示词与参数不变的情况下，加入一个粗线条简笔风景画的 Lora 模型，其风格如图 3－19 所示，以简练的线条与色彩来概括画面。

图 3－19　粗线条简笔风景画 Lora 模型

如图 3－20 所示，加入 Lora 模型微调后的成图内容已经明显简化，细节减少了很多，整体构图上用粗线条和大色块来表现一辆汽车在海边的公路上。

图 3－20　粗线条简笔风景画 Lora 模型微调后的画面效果

➢ Embedding 模型（又名 Textual Inversion 模型）

在之前 SD 模型的数据组成中为读者介绍了 Stable Diffusion 模型，包含 CLIP 文本编码（TextEncoder）、图像信息创建器（U-Net）、VAE（Variational Autoencoder）三个部分。其中 CLIP 文本编码的作用是将提示词转换成计算机可以识别的文本向量，而 Embedding 模型的原理就是通过训练将包含特定风格特征的信息映射到模型中，这样后续在输入对应提示词时，输入该模型的名称，模型就会自动启用这部分文本向量来进行绘制。例如，用户把电视剧《西游记》中孙悟空形象的提示词固定到一个 Embedding 模型中，在绘制孙悟空形象时就不用输入例如猴脸人身之类的详细的提示词去限定出图内容，直接在提示词中加载该模型即可。

介绍完模型类型后即可概括 SD WebUI 的出图流程了。首先选择相应的 Checkpoint 模型、Lora 模型和 Embedding 模型来确定画面的画风；然后输入提示词，正向提示词就是我们想要画面中出现的内容，反向提示词就是不想在画面中出现的内容。前两项做好以后就是调节出图参数，例如出图分辨率、采样器等。除了调节参数外还可以加载某些插件来控制出图内容，SD WebUI 中最常用的 Controlnet 插件就可以通过上传已有的草图来固定画面中的内容。最后单击“立即生图”按钮等待出图即可。SD 出图流程如图 3－21 所示。

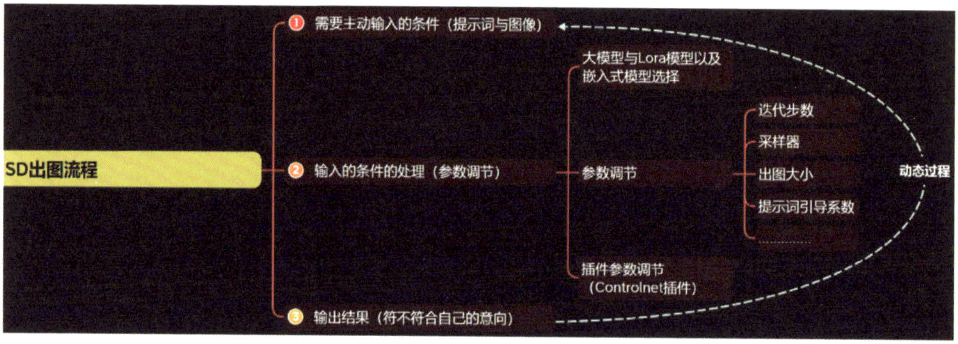

图 3－21　SD 出图流程

1. 文生图与图生图操作界面

(1) 文生图操作界面

图 3－22 所示为文生图界面，主要分为 7 个内容区域，使用圆圈数字表示其编号，对应的虚线框表示此区域范围。图 3－22 中所示 7 大区域内容如下：

➢ 区域①：Checkpoint 模型

默认安装秋叶包后自带的一个 anything-v5 名称的模型。如果需要额外安装模型，则可使用计算机浏览器访问 LiblibAI－哩布哩布 AI 官方网址 https://www.

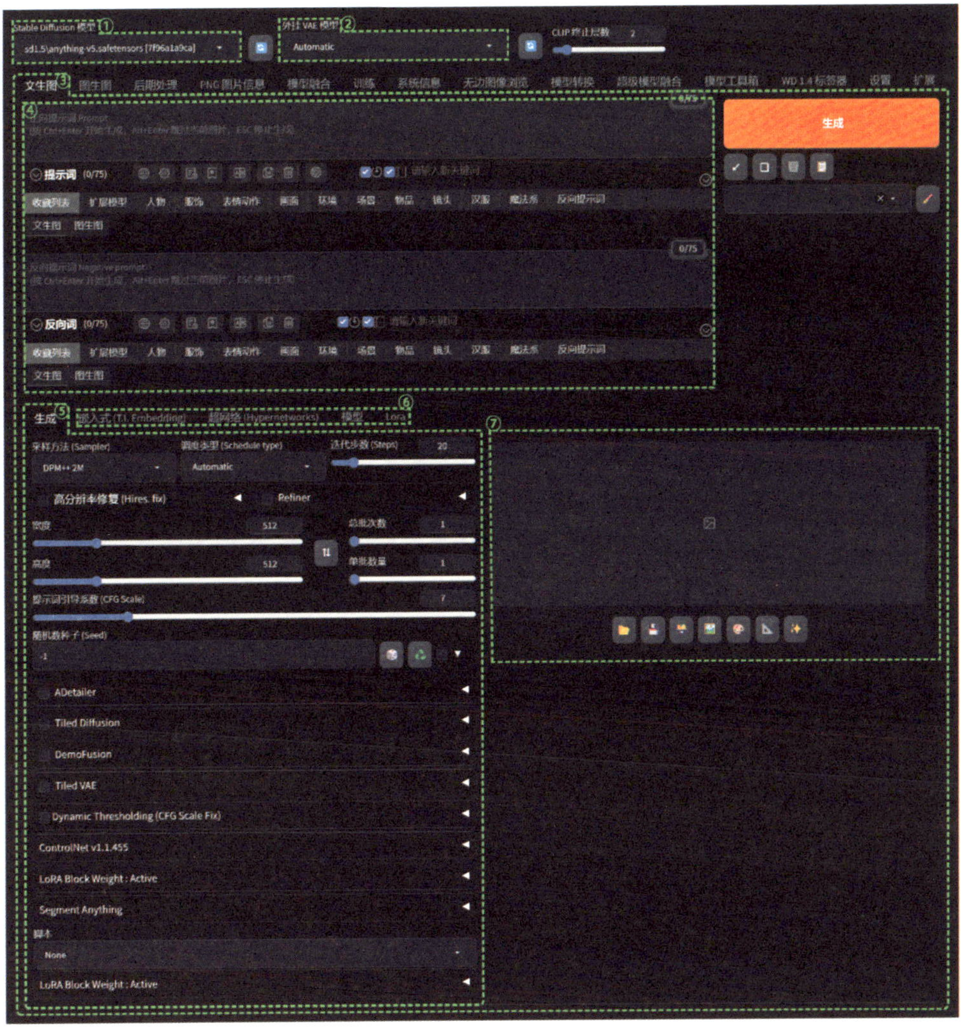

图 3-22 SD WebUI 文生图界面组成

liblib. art/,进入后单击如图 3-23 所示的筛选器,选择 SD1.5 版本模型(基础算法 v1.5)的 Checkpoint 模型即可,然后依据自己的绘图方向及喜好选择相应的模型。本书 SD WebUI 介绍所用到的模型以 SD1.5 版本模型为主,了解 SD1.5 版本模型的使用方法后会发现其他版本的应用原理是一样的。

➢ 区域②:VAE 外挂模型

前面介绍过 Checkpoint 模型的数据组成中包含了 CLIP 文本编码(TextEncoder)、图像信息创建器(U-Net+调度算法)、图像编解码器(VAE)三个部分。这个 VAE 模型是内置在大模型中的,如果想要加载 VAE 模型,那么直接选择即可。当加载了外挂 VAE 模型后,Checkpoint 模型中自带的 VAE 模型会失效不启用。为了

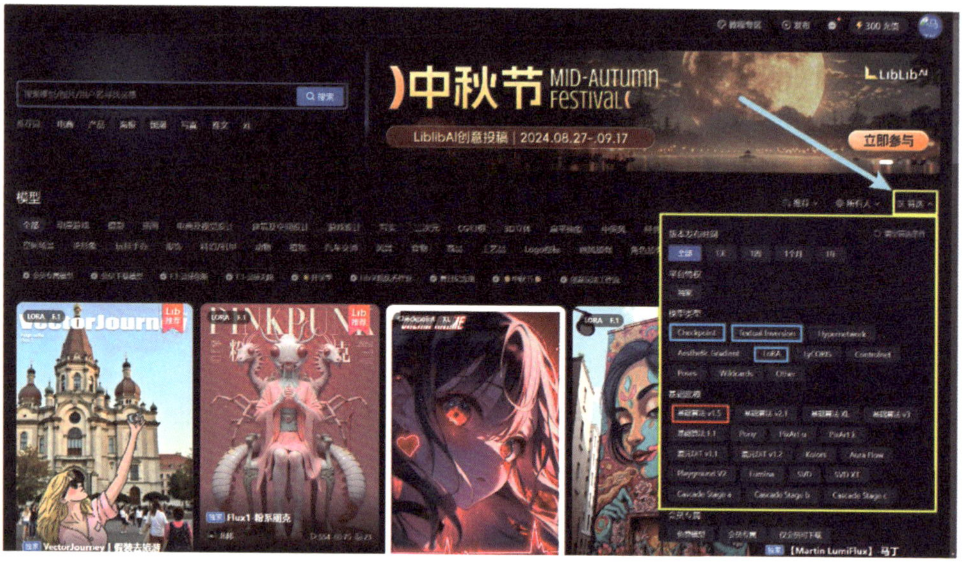

图3-23　模型网站基础算法v1.5版本过滤器

节省显卡显存，VAE模型中的编码器和解码器主要作用是把图像数据压缩到潜空间以及把数据从潜空间中还原为图像数据，因此其多与画面色彩有关，如果出图过程中发现图像的饱和度很低，呈现出灰色质感，则可在此处切换模型再进行出图尝试。导致图像发灰的真正原因是主Checkpoint模型本身的VAE文件损坏，从潜空间恢复成正常图片时会存在图像信息缺失，且模型网站中很多Checkpoint模型是从其他热门Checkpoint模型融合而来的，如果初始Checkpoint模型的VAE模型有问题，那么会导致融合后的Checkpoint模型出现图像发灰的情况，这方面的代表就是融合Checkpoint模型Anything 4.5版本。这个问题多发生在早期训练的Checkpoint模型中，现在模型网站的Checkpoint模型基本上没有图像发灰的问题。“外挂VAE模型”这里就可以选择无或者自动。

➢ 区域③：文生图选项

包括提示词输入区、生成参数调节区、模型选择（Checkpoint模型、Lora模型、Embedding模型）区域、生成结果查看与处理区域四大部分。

➢ 区域④：提示词输入区

包括正向与反向提示词输入区域。为方便国内使用者，秋叶整合包版本的SD WebUI已经内置了中译英插件，如图3-24所示，在插件输入框中输入中文然后回车即可将中文翻译为英文，并同步到提示词框中，且插件还会以中英对照的形式显示提示词。

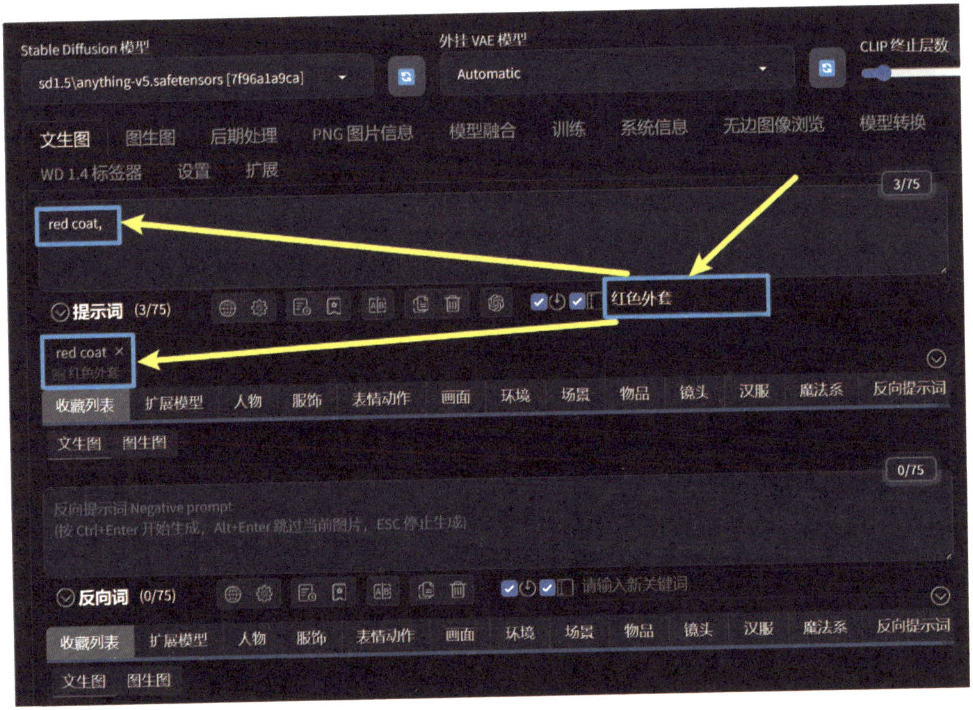

图 3-24 提示词中英翻译功能

➢ 区域⑤：生成选项

a. 采样方法、调度类型及迭代步数

设置中第一行的采样方法、调度类型及迭代步数这三项参数在下载 Ckeckpoint 模型时就可以确定，如图 3-25 所示。

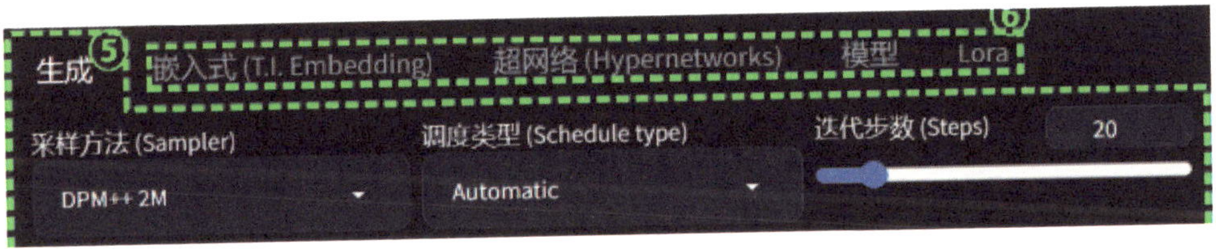

图 3-25 采样方法、调度类型及迭代步数

进入 https://www.liblib.art/，在筛选器中选择基础算法 v1.5 版本的 Checkpoint 模型，单击梦幻水彩模型进入，如图 3-26 所示。

在模型简介区中可以看到模型作者建议的三项参数，如图 3-27 所示。如果要用到这个模型，那么下载后按照作者给的参数设置 SD WebUI 中对应的三项参数即可，如图 3-28 所示。同理，其他模型也会有这三项参数说明。

图 3－26　选择基础算法 v1.5 版本的 Checkpoint 模型

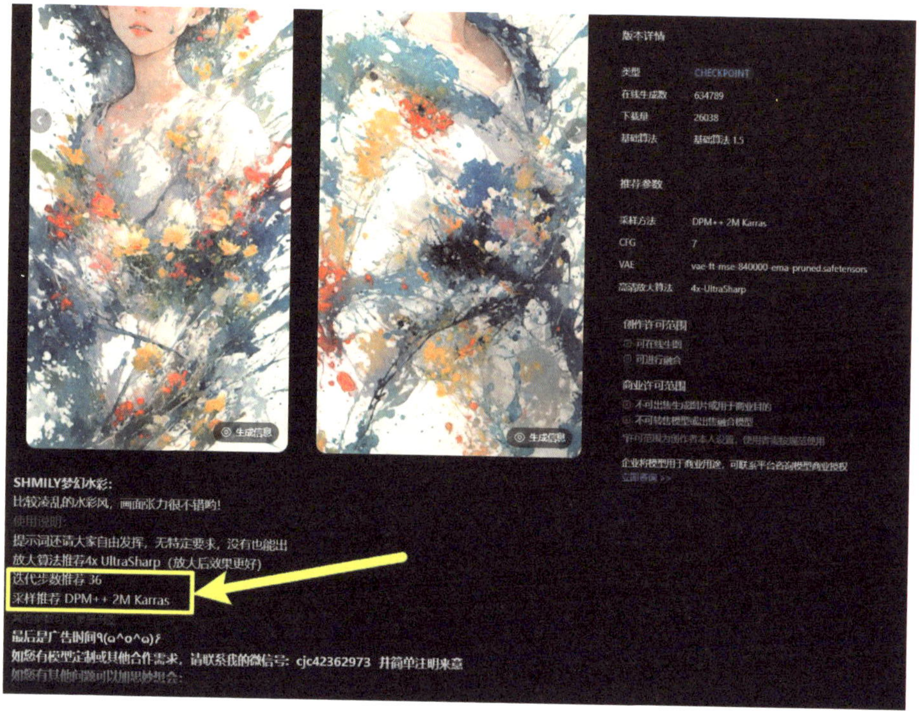

图 3－27　模型参数查看

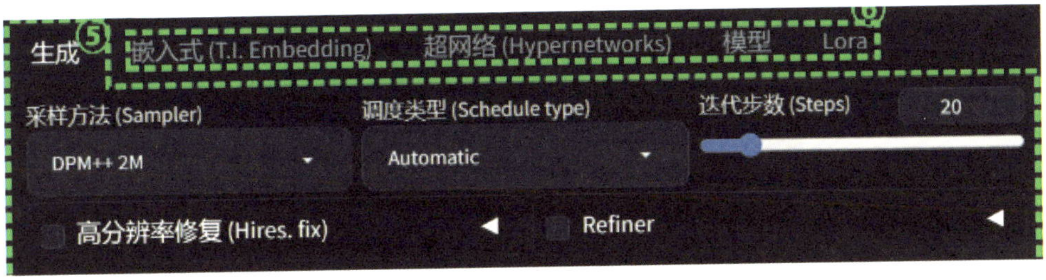

图 3－28　填入对应的模型参数

b. 高分辨率修复

这个选项主要用于放大图像，例如在图 3－29 中可以看到原始出图大小尺寸为 512×512 像素，启用高分辨率修复后，放大倍数输入 2，最终的出图大小就变为 1 024×1 024 像素。

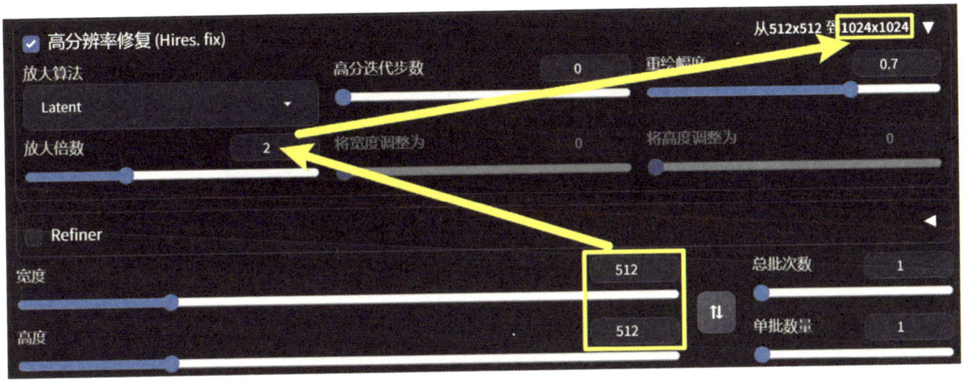

图 3－29　高分辨率修复选项

高分辨率修复中的放大算法具体可分为潜空间放大算法与像素空间放大算法，本质上高分辨率修复就是在第一次生图的基础上进行第二次生图。在第二次生图的时候，可以将第一次生图的结果作为潜空间数据不经过解码器解码直接到第二次生图的潜空间中，也可以经过潜空间解码成像素空间的图片，然后再由编码器编码为潜空间数据参与第二次出图的运算。具体两个算法分类如图 3－30 所示。

重绘幅度为放大图与未放大图之间区别的大小，数值越大区别越大。重绘幅度设置如图 3－31 所示。

如果放大算法为潜空间放大，则重绘幅度需要设置为 0.5 及以上，这样才会在放大后的图中产生明显效果；如果小于 0.5，则放大的图会更加模糊。但如果设置得过大(例如 0.9)，则放大的图会和未放大的图在内容上区别过大，建议设置在 0.5～0.8 之间，具体如图 3－32 所示。

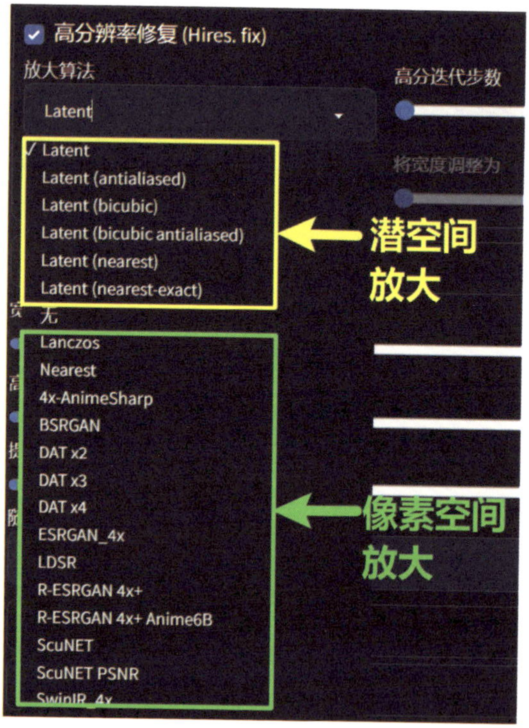

图 3-30　放大算法分类

图 3-31　重绘幅度设置

如果放大算法为像素空间放大，则重绘幅度需要设置为 0.5 及以下，放大后的图和原图相比变化不明显；如果大于 0.5，则变化逐渐变多，如图 3-33 所示中的盔甲及帽子的变化。但如果设置得过大（例如 0.9），则放大的图会和未放大的图在内容上区别过大，具体如图 3-33 所示。

c. 提示词引导系数（CFG Scale）

提示词引导系数主要控制提示词和生成的图片的相关性，CFG 数值越大，提示词和生成的图片相关性就越高；CFG 数值越小，提示词和生成的图片相关性就越小，如图 3-34 所示。

图 3-32　不同重绘幅度下的潜空间放大算法对比

图 3-33　不同重绘幅度下的像素空间放大算法对比

图 3-34　提示词引导系数

这里输入一段提示词："一只戴着西部牛仔帽的狗，穿着黄色盔甲"。从图 3－35 中可以看到随着提示词引导系数的增加，图片内容越来越靠近提示词的描述。当提示词引导系数为 1 时，出图内容和提示词基本上没联系；提示词引导系数增加到 5 时，出图内容和提示词之间有了对应；当数值在 15 以上时，画面会变得过度饱和。建议数值为 7～10。

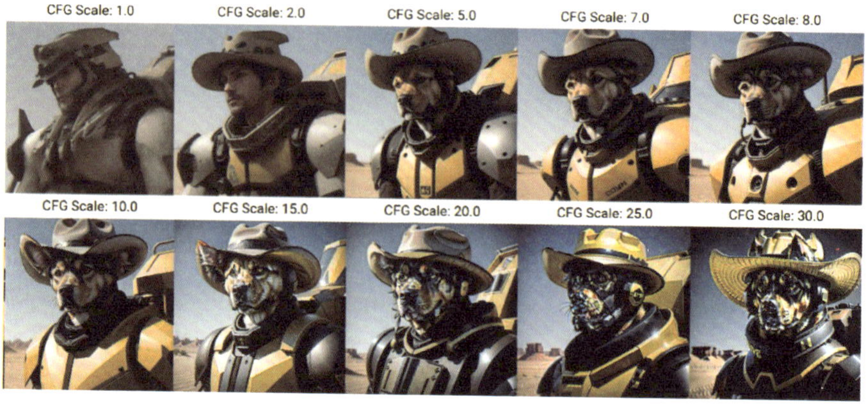

图 3－35　不同提示词引导系数出图对比

d. 可加载插件

图 3－36 所示为文生图选项中可加载的插件，其中最为广泛运用的是 ControlNet 插件，后面会详细介绍其用法。

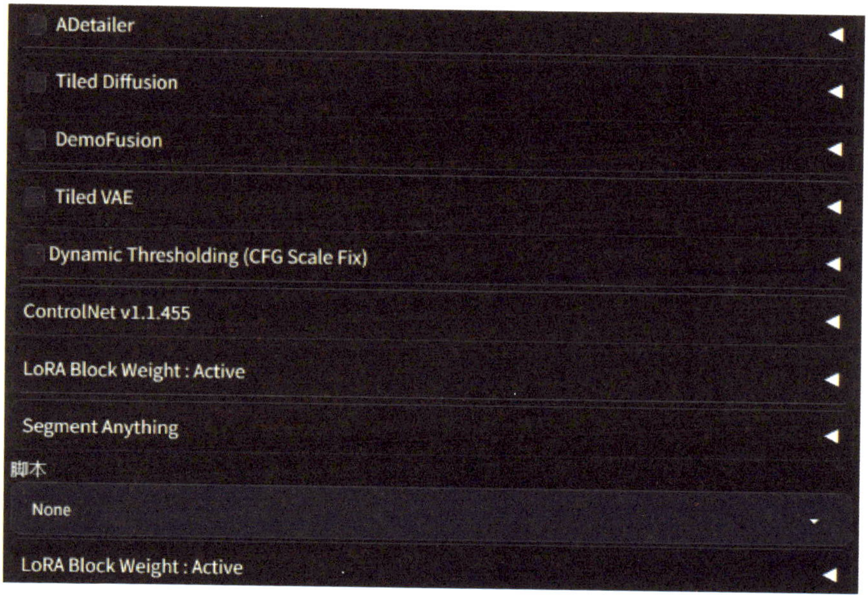

图 3－36　插件选项

如果只是单纯地用提示词来控制出图内容，同一段提示词可以对应的图面元素可能具有成百上千种。这里用同样一段提示词生成 6 张图，提示词均为“一只拿着玫瑰穿着燕尾服的猫咪，它在寻找爱情”。如图 3－37 所示，可以看到相同提示词下画面的构图会不同。

图 3－37　相同提示词成图多样性

如果想要特定的姿势就需要 ControlNet 的控制了。ControlNet 提供多种控制方式，其使用流程为选择参考图或草图后选择控制模式，控制模型对应的预处理器便会将图片处理成控制模型能够识别的图片形式，处理后将图片信息传递到控制模型中，接着控制模型会带着图片控制信息去参与 Stable Diffusion 模型的运算，从而达到控制生成图像的目的。具体流程如图 3－38 所示，在选定控制类型后，预处理器和模型会自动切换，无需手动选择。

为了控制上面提到的拿着玫瑰猫咪的姿势，这里上传一张参考图片，如图 3－39 所示，勾选“启用”后选择 OpenPose 姿态模式，然后单击预处理器后的爆炸图标即可生成预处理器处理后的图片，这张图会传输到对应的 OpenPose 姿态模型中，经过其处理后最终能控制 Checkpoint 模型的图像生成姿态。

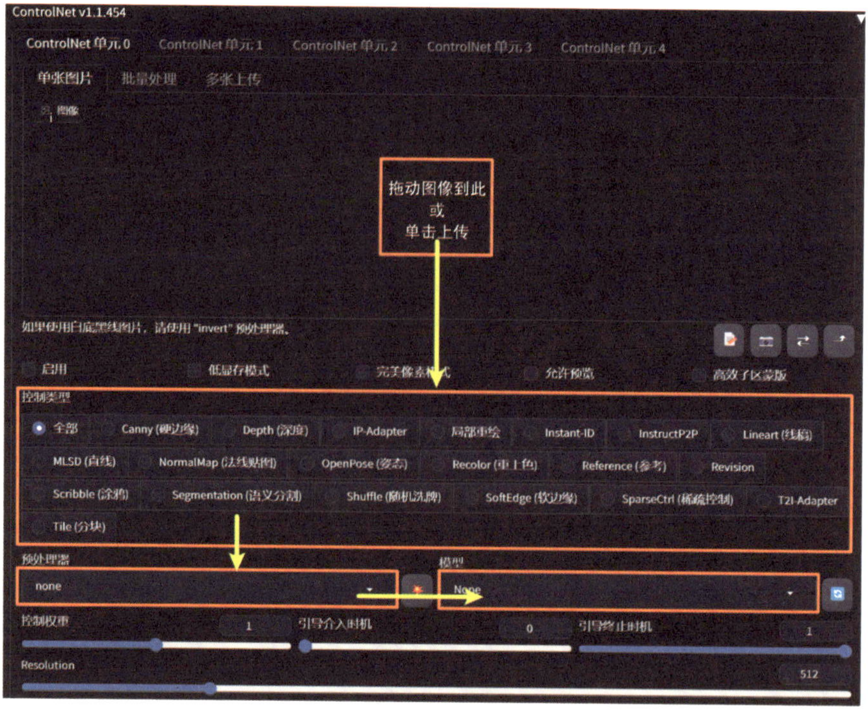

图 3 - 38　ControlNet 插件控制类型

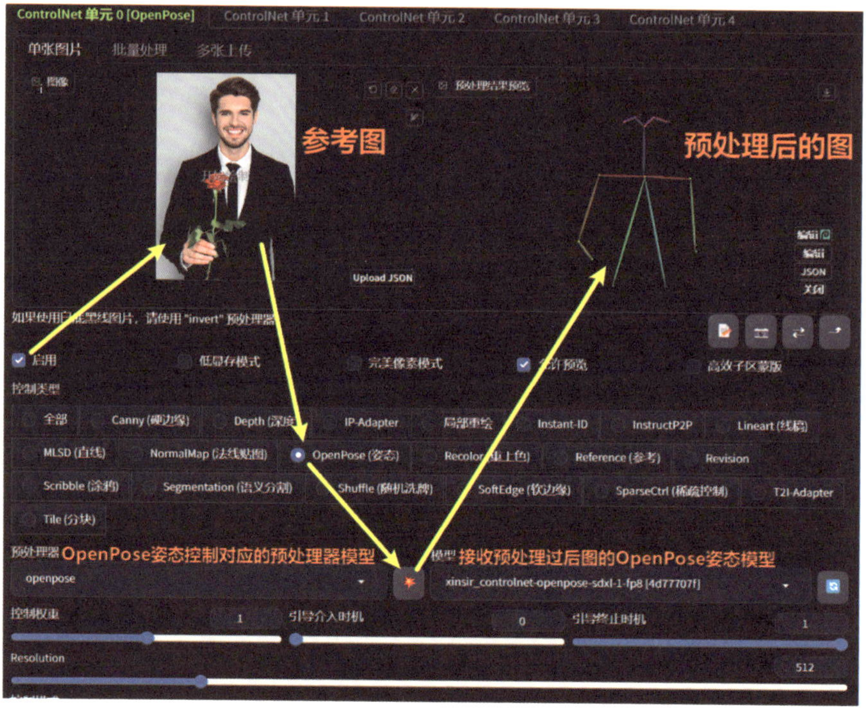

图 3 - 39　OpenPose 姿态控制类型

生成后的图片如图 3－40 所示，可以看到成图中的猫咪姿态确实参考了上传图片中的男人姿态。

图 3－40 ControlNet 控制成图

➢ 区域⑥：模型选择区

模型选择区主要提供 Checkpoint 模型、Lora 模型及 Embedding 模型的选择，如图 3－41 所示。

图 3－41 SD WebUI 模型类型

这三类模型都可以从哩布哩布 AI 网站获取，前面也介绍过如何从哩布哩布网站查看这三类模型。在下载好对应模型后，首先进入 SD WebUI 安装文件夹，将 Embedding 模型放到 embeddings 文件夹中，如图 3－42 所示。

然后找到 models 文件夹单击进入，下载后的 Checkpoint 模型放到 Stable-diffusion 文件夹中，Lora 模型放到 Lora 文件夹中，如图 3－43 所示。

上述三个模型都放好后，如果已启动了 SD WebUI，则最好再重新启动一次，让模型生效。

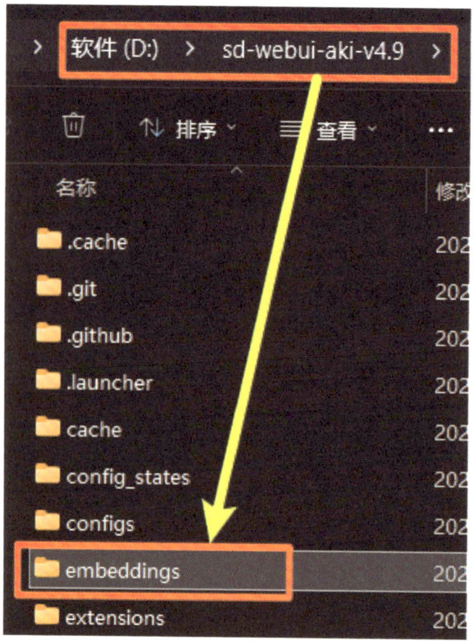

图 3－42　Embedding 模型放置位置

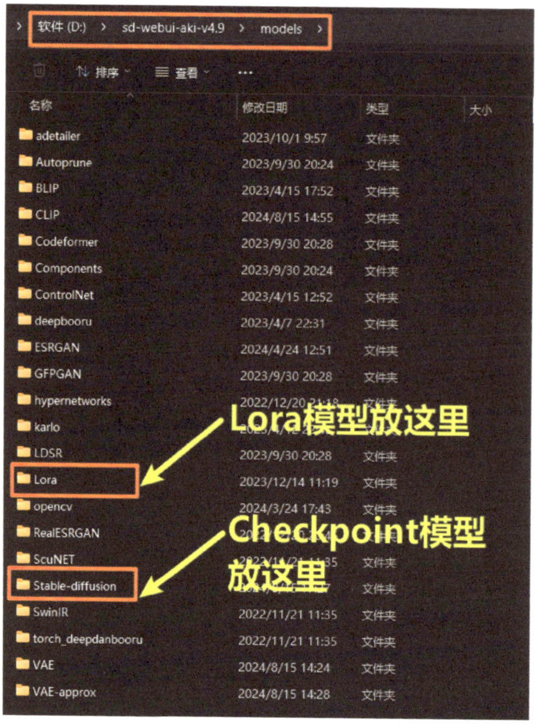

图 3－43　Checkpoint 模型与 Lora 模型的放置位置

➢ 区域⑦：出图查看区

出图查看区主要是生成图片的查看以及进一步编辑选项，具体功能如图 3－44 所示。

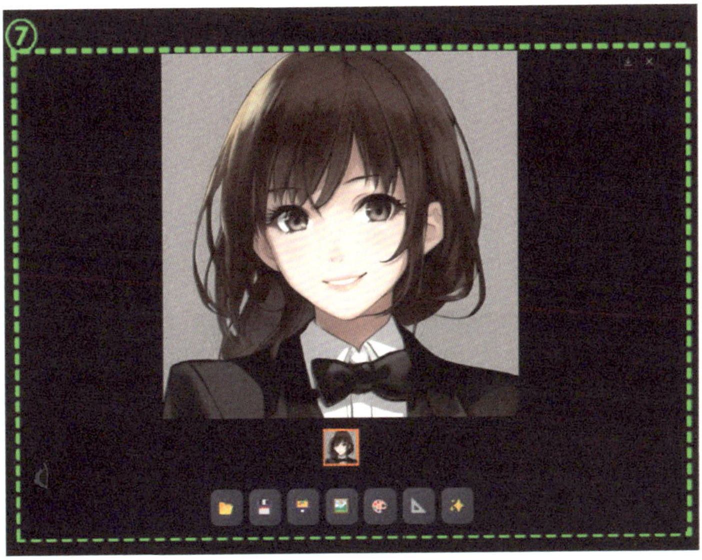

图 3－44　出图查看选项

选项：打开生成图像所在文件夹。

选项：将生成的图像保存到 SD WebUI 安装文件夹中的 log 文件夹下，如图 3－45 所示。

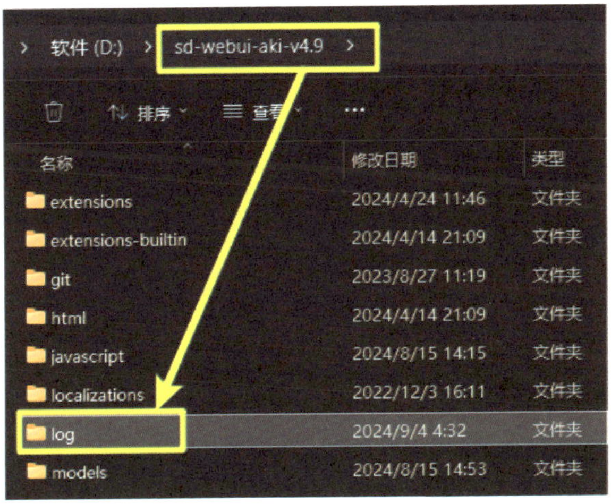

图 3－45　将生成的图像保存到 log 文件夹下

选项：将生成的图像压缩成 Zip 格式，然后存储到 log 文件夹下。

选项：将生成的图像和参数发送到图生图选项卡。

选项：将生成的图像和参数发送到图生图选项卡中的局部重绘选项卡。

选项：将生成的图像和参数发送到后期处理选项卡。

选项：将生成的图像用高分辨率修复功能放大。

（2）图生图操作界面

图生图界面是在文生图界面的基础上增加了图片输入、处理选项以及重绘幅度，共提供了 5 种图生图模式，分别是：图生图、涂鸦、局部重绘、涂鸦重绘、上传重绘蒙版，如图 3－46 所示。接下来介绍其中的几种模式。

图 3－46　图生图模式

1）图生图

上传一张图后，依据提示词以及重绘幅度来改变图片内容，如图 3－47 所示。重绘幅度越大，生成的图和上传的图区别越明显。

图 3-47 图生图重绘幅度

这里做了一组测试，提示词为一个女孩穿着灰白色西装，黑色头发，2D 风格，然后重绘幅度从 0.1～1 各出一张图，具体对比效果如图 3-48 所示。可以看到随着重绘幅度的增加，从 0.4 开始，图就发生变化了，到了 0.7 人物发型也发生了变化，整个图像已经转换成了 2D 风格。因此对于重绘幅度来说，设置为 0.1～0.4，成图变化轻微；设置为 0.5～0.7 之间，成图与原图相比变化明显；设置为 0.8～1 之间变化最强，可以从图 3-48 中看到背景和衣服颜色也开始发生不同于原图的变化。

图 3-48 不同重绘幅度下的成图与原图的区别

2）涂　鸦

涂鸦模仿现实中涂鸦绘画的过程，这个选项提供了画笔功能，可以用任意颜色和大小的笔刷涂抹画面，也可上传已经处理好的图片。这里我们要生成关于房子、河流以及树木的图，如图 3 - 49 所示，调整好画笔的大小和颜色后，用绿色画笔涂抹草地，用青色画笔涂抹河流位置，用暗橙色画笔涂抹房子位置，用深绿色画笔涂抹树木位置。提示词输入为“树木、草地、房子、河流”。

图 3 - 49　涂鸦笔刷调节

重绘幅度为 0.6，成图如图 3 - 50 所示；重绘幅度为 0.9，成图如图 3 - 51 所示。

图 3 - 50　重绘幅度为 0.6 的成图

图 3 - 51　重绘幅度为 0.9 的成图

可以看到当重绘幅度数值较小时，生成的内容没有脱离画笔区域；当重绘幅度较大时，生成的内容与涂鸦涂抹的位置关系不大，自由发挥的成分比较多。

3）局部重绘

局部重绘允许对图片局部内容进行修改，只需用画笔局部涂抹要重新绘画的区域即可。如图 3－52 所示，用画笔局部涂抹了人物黑色头发区域，提示词是“紫白色头发”，重绘幅度为 0.9。单击“生成”按钮后，图 3－53 中的人物头发颜色也偏向了紫白色。

图 3－52　局部重绘涂抹区域

图 3－53　局部重绘成图

4）涂鸦重绘

涂鸦重绘是涂鸦和局部重绘的结合操作，可以用带有颜色的画笔局部涂抹图片想要改变的区域，涂抹重绘区域的颜色会参考画笔颜色。如图 3－54 所示，用蓝色画笔局部涂抹人物黑色头发区域，提示词输入“蓝色头发”，重绘幅度为 0.9，由图 3－55 的结果可知，成图中人物头发的颜色是参考了画笔颜色的。

图 3－54　涂鸦重绘涂抹区域

图 3－55　涂鸦重绘成图

5）上传重绘蒙版

此选项允许上传单独的蒙版图像来控制图片要重绘的区域，蒙版为黑白图像，一般黑色代表不需要改变的区域，白色代表图片中需要重绘的区域。图 3－56 中上传的重绘蒙版，其背景为白色，是需要重绘的区域；人物主体是黑色，是不需要重绘的区域。提示词输入“沙滩、海洋、蓝天、白云”，重绘幅度为 0.9，可以看到图 3－57 中除人物外的背景已经变成了提示词所示的内容。

图 3－56　上传重绘蒙版

图 3－57　上传重绘蒙版成图

蒙版区域内容处理：图生图模式中带有重绘两字的都会涉及蒙版。关于蒙版重绘区域的内容处理主要有填充、原版、潜空间噪声、空白潜空间四种方式，如图 3－58 所示。

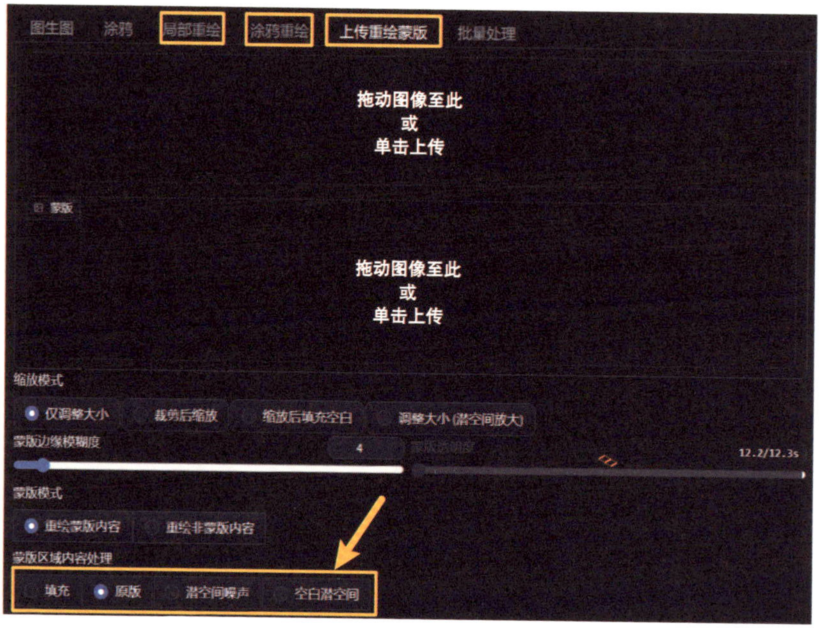

图 3－58　蒙版区域内容处理

图 3-59 中只改变人物衣服区域的蒙版，然后提示词输入“棕色外套”。

图 3-59　蒙版区域内容处理案例

填充、原版、潜空间噪声、空白潜空间这 4 个选项的区别可以用一组对照图清晰表达。图 3-60 是在不同重绘幅度下的蒙版区域内容处理的对比，4 种模式具体的区别如图 3-60 所示。

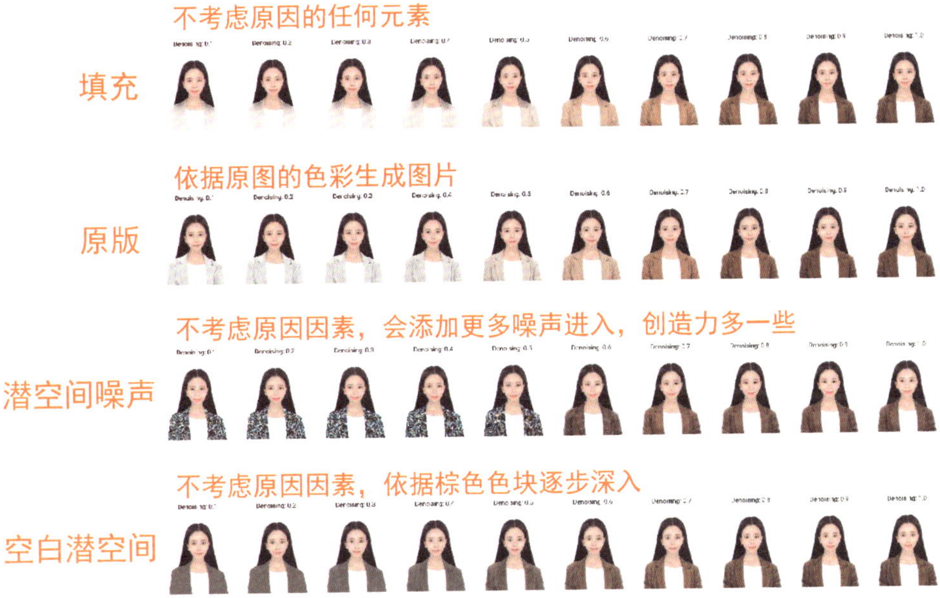

图 3-60　不同蒙版区域内容处理效果对比

2. 文生图使用方法

下面将介绍如何生成一个拟人形象的猫咪。

（1）Checkpoint 模型选择

选择动漫 ReVAnimated，如图 3 - 61 所示；Lora 模型选择 Catman，如图 3 - 62 所示，这两个模型可以在哩布哩布 AI 中下载，按照前面的介绍放置到相应的文件夹即可。

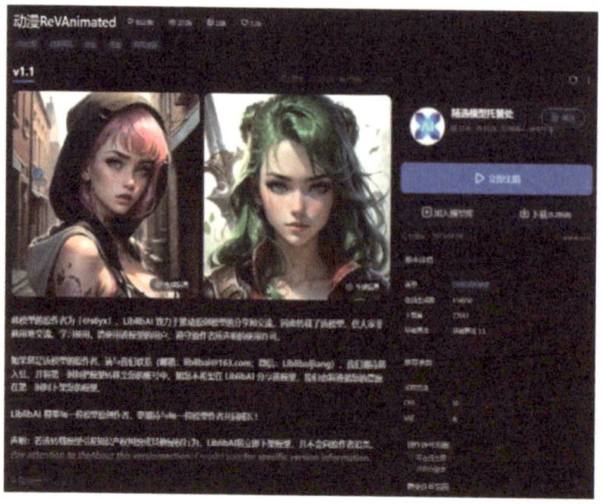

图 3 - 61　Checkpoint 模型选择（1）

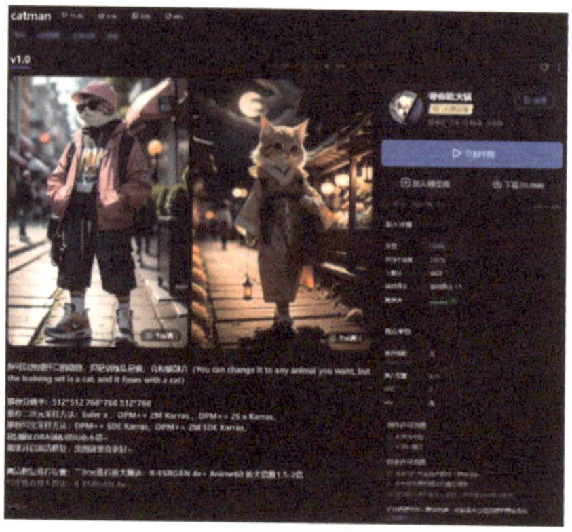

图 3 - 62　Lora 模型选择（1）

启动 SD WebUI 后，在 Checkpoint 模型选项卡中单击 ReVAnimated 模型图标进行选择，如图 3 - 63 所示。

图 3 - 63　单击选择 ReVAnimated 模型

(2) 输入提示词

接下来在提示词框中输入以下正向提示词：

HDR，UHD，8K，Highly detailed，photo-realistic：1.37)，best quality，masterpiece，sunglasses，hat，hands in pockets，coat，standing，shirt，solo，shoes，pink headwear，open clothes，outdoors，full body，depth of field，blurry background，maomi，<lora：catman：0.75>，

从图 3－64 的中英对照翻译中可以看到，提示词第一段主要是画质限定词，限定了画面的质量和风格，例如用“8K”分辨率般的高清、“质量最好”和“杰作”等来限定画面质量，用照片写实来限定画面风格为写实风格。提示词第二段描述了一只猫咪穿着运动鞋、戴着太阳镜、双手插兜、戴着帽子、穿着外套和衬衫、粉色头饰等。提示词第三段主要为环境描述，限定了室外环境。提示词第四段为镜头描述，全身照并且带有景深。提示词第五段为加载的 Lora 模型，Lora 模型需要通过提示词的形式进行加载，在单击 Lora 模型选项卡中的 catman 模型后，其名称会自动出现在提示词框中。Lora 模型名称后面冒号后的数值为 Lora 模型的权重，一般在 0～1 之间，权重越大，Lora 模型的风格对画面的影响也就越大，这里为 0.75。

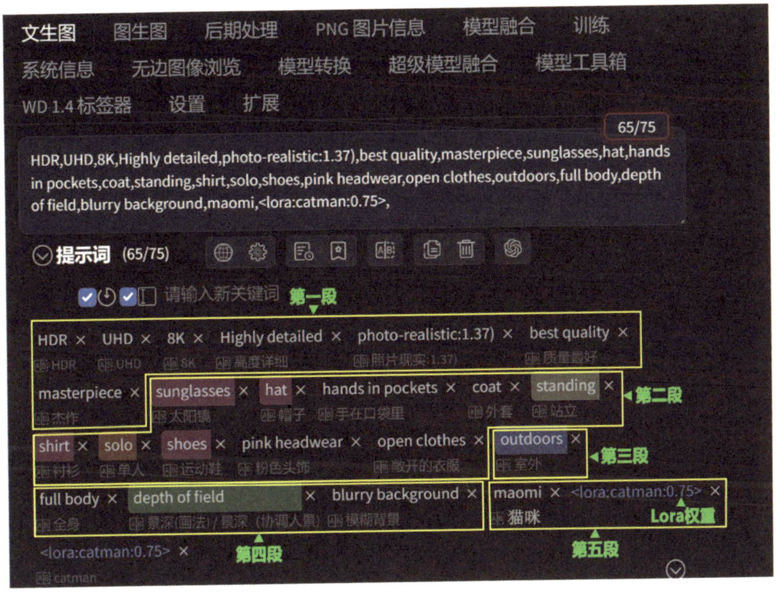

图 3－64 提示词解析

从上面的提示词组成中也可以看到其书写规律，通用提示词书写规律如图 3－65 所示，图 3－64 中所书写的提示词格式也符合这 5 项要求。

反向提示词用于限制画面中不想要的内容，这里输入“低质量、单色图片”来简单限定，如图 3－66 所示。

图 3-65　提示词组成

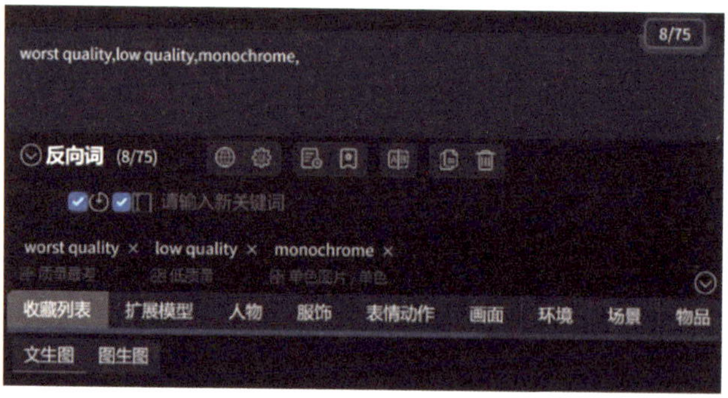

图 3-66　反向提示词

(3) 生成参数调节

采样方法与调度类型按照 Lora 模型中的推荐选择 DPM++ SDE Karras 即可，如图 3-67 和图 3-68 所示。

图 3-67　模型参数

图 3-68　参数填入 SD WebUI

其他参数设置为采样步数20，宽高的像素为768×1 024，提示词引导系数设置为7，具体如图3－69所示。

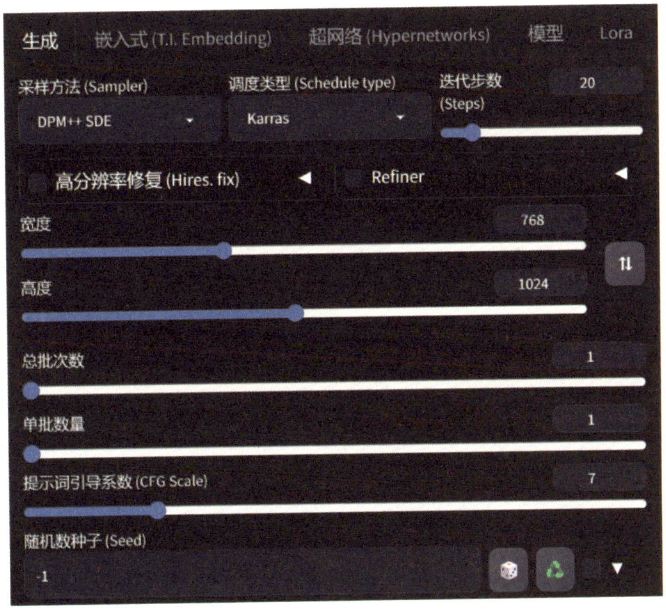

图3－69 其他参数设置

(4) 生图以及参数查看

以上参数设置好后，单击“生成”按钮就可以出图了，生图快慢取决于计算机配置，对于768×1 024像素的图，配置好的计算机10 s内就可以完成出图。生成图的下方有完整的出图参数，包括提示词、采样方法、采样部署、分辨率等，方便后续核查。再往下可以看到出图时间以及出图时的显存占用量，如图3－70所示。

3. 图生图使用方法

图生图与文生图使用方法基本相同，这里以图生图模式演示如何将一张图片改变为机甲风格，成图如图3－71所示。

(1) Checkpoint模型选择

Checkpoint模型同文生图中的使用方式一样，例如选择动漫ReVAnimated，单击模型图标即可切换到此模型。

Lora模型选择，如图3－72所示。这4个模型主要用来微调大模型从而生成机甲风格效果。这几个模型可以在哩布哩布AI模型网站中搜索下载，也可以用其他机甲风格Lora模型代替。

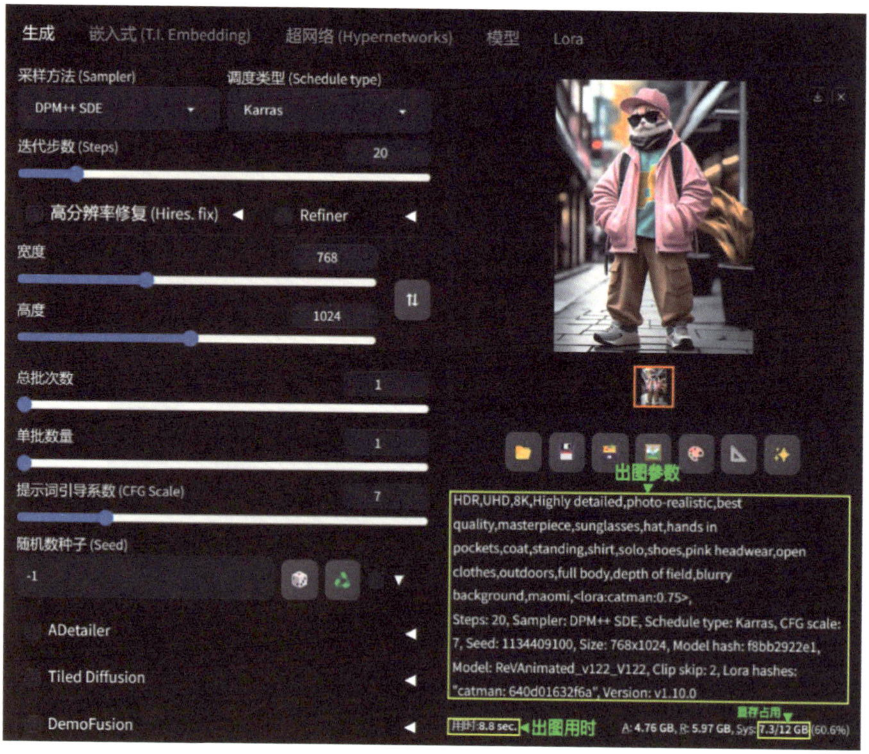

图 3－70　成图以及出图参数查看

图 3－71　图生图变换风格

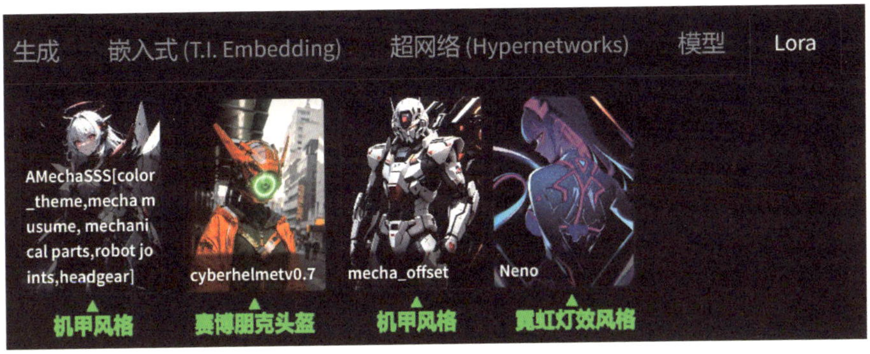

图 3 - 72　Lora 模型选择(2)

(2) 输入提示词

提示词如下：

intricate, elegant, highly detailed, lifelike, photorealistic, smooth, (masterpiece, best quality, high quality, highres, ultra - detailed), sharp focus,

1girl, solo,mecha boy, a person in a cyberhelmet, tubes, wires, ((mechanical arms)), robotic body, female focus, driving, ground vehicle, helmet, cyber motorcycle, outdoors, road, tree, motion blur, depth of field, blurry background, machop, cyberpunk, modern art, Future technology equipment,

<lora:AMechaSSS[color_theme, mecha musume, mechanical parts, robot joints, headgear]:0.8>,

<lora:cyberhelmetv0.7:0.5>, <lora:Neno:0.5>, <lora:mecha_offset:1>,

中英对照翻译如图 3 - 73 所示，该正向提示词主要描述了一个机甲女骑士。用详细的提示词对画质以及主体机甲特征和环境进行限定，要注意 4 个 Lora 模型的权重不同，可以依据自己的喜好进行调整。

(3) 生成参数调节

在图生图中上传需要重绘的图片，要注意图像尺寸最好是 8 的倍数且图像尺寸不要太大(最长边像素不超过 2 048，否则显卡载入图像会占用较多内存)，图 3 - 74 所示的像素为 1 080×1 440。

出图参数如图 3 - 75 所示，采样方法本次选择 Euler a，迭代步数为 30，要注意所生成图像的宽高像素比例需要和上传的图像比例一致，这里将所生成图的宽和高设置为与上传图像相同的 1 080×1 440(如果显卡配置较低也可设置为 768×1 024)。重绘幅度设置为 0.4，设置太高会导致生成图的内容偏离上传图像太多，这里是要在尽量保持原图构图和色彩变化不大的情况下进行风格转绘。

在插件选项中打开 ControlNet 插件，这次要用到 Tile 控制类型，该类型可以用来固定画面颜色，并且可以自动补全局部细节。分辨率(Resolution)选项可以设置

图 3－73　填入提示词

为 1 024，该选项是控制预处理器读取图像时图像自动裁剪的尺寸，尺寸越大，读取的信息越多，控制越精确，但是相应的显卡显存占用也会上升。如果开启完美像素模式，那么预处理器就会以 2 048 像素来读取图像，此时分辨率选项不可调节，如图 3－76 所示，分辨率选项设置为 1 024，其他参数默认不变。图生图模式中，ControlNet 的控制类型会自动读取图生图模式中的图片，如果需要上传不同于图生图中的图片，则可以勾选“上传独立的控制图像”选项加载图像。

图 3-74　上传原图

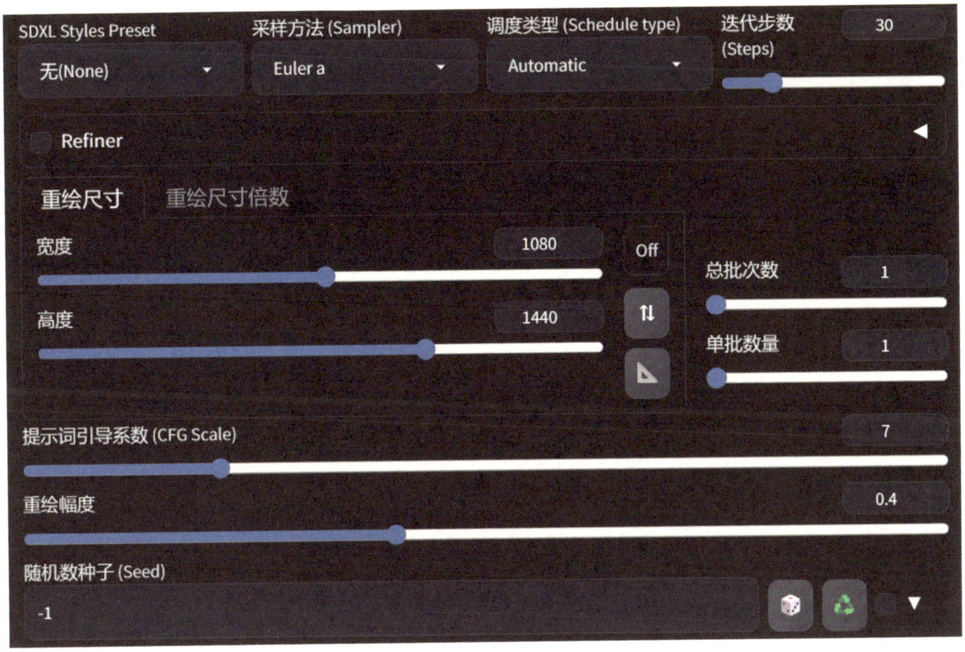

图 3-75　生成参数调节

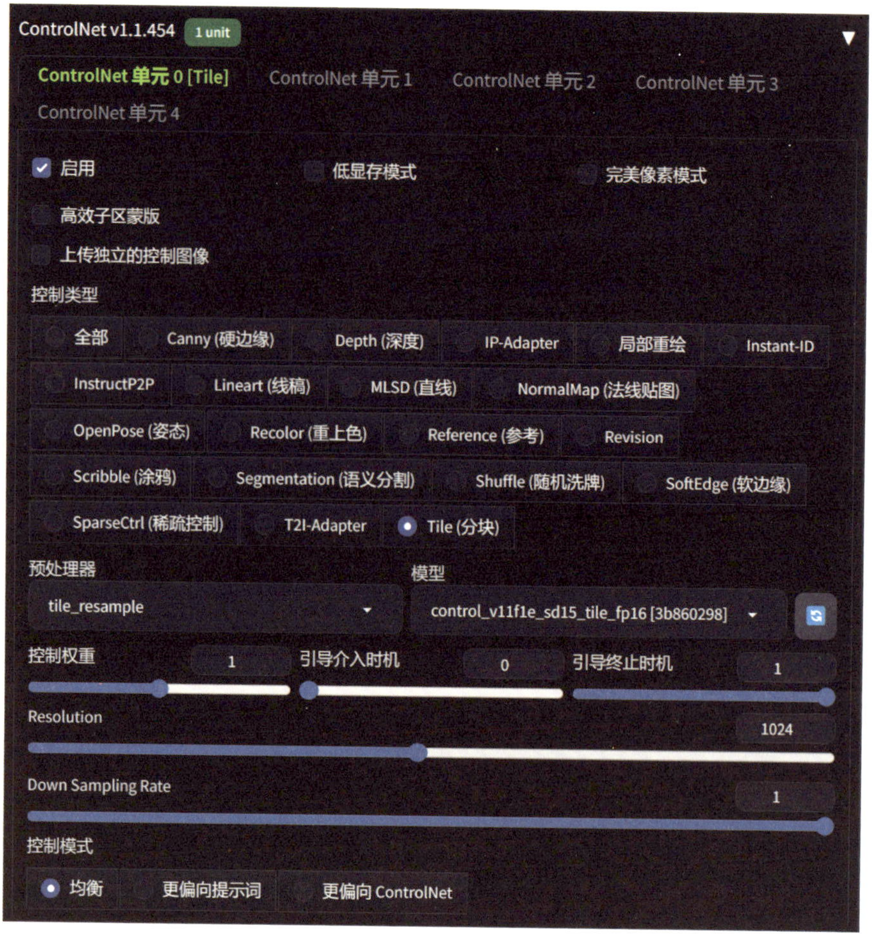

图 3-76 ControlNet 参数调节

(4) 生成图片

以上所有参数都设置好后单击“生成”按钮即可出图，能够看到最终的成图确实偏向了机甲风格，如图 3-77 所示，如果对结果不满意还可以对提示词或者 ControlNet 插件参数继续微调。

3.3.4 ControlNet 插件的使用方法

ControlNet 插件的控制类型多样，可以提供多种控制方式，如图 3-78 所示，其用法在文生图与图生图中已经介绍过。选项中的“控制权重”、“引导介入时机”和“引导终止时机”需要依据出图内容调节，下面简单介绍这 3 个选项的作用。

图 3 - 77　改变风格后的图片

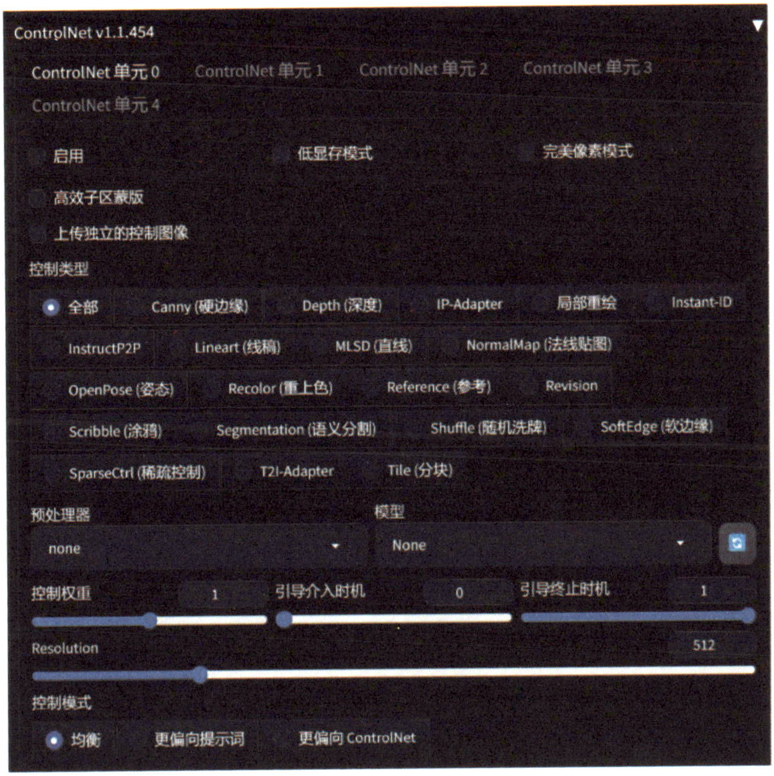

图 3 - 78　ControlNet 插件界面

“控制权重”，即控制预处理后图像的影响控制模型的强度，其原理类似于使用 Photoshop 的高斯模糊处理图片的原理。当权重为 1 时，预处理后的图像清晰；当权重降低时，图像逐渐变得模糊，如图 3－79 所示。

图 3－79　ControlNet 控制权重示意

“引导介入时机”与“引导终止时机”为 ControlNet 控制类型在整个出图迭代步数中参与的占比。如图 3－80 所示，在图生图模式中上传一张原图，控制类型选择 Canny（硬边缘）模式，设置控制权重为 1.0，引导介入时机为 0.0，引导终止时机为

图 3－80　ControlNet 引导介入与终止时机

0.3,这个运算过程 Canny(硬边缘)起作用的过程为前 30%,控制图像边缘清晰锐利,且在生图过程中完全受其控制作用。后面 70%,控制图像完全不起作用,生图过程由 Checkpoint 自由发挥,可以看到最后生成的图和图生图上传图像的背部区别较大。因此,如果为了完全控制成图内容,则 ControlNet 控制介入与终止时机设置为 0.0~1.0,控制权重为 1,这样成图就不会偏离上传图像太多。

上面说明了 ControlNet 参数设置对成图的影响,为了方便读者记忆理解,下面用图的形式列举常用的控制类型的效果对照展示。

Canny 硬边缘控制:识别参考图中的边缘信息从而控制生图内容,如图 3-81 所示。

图 3-81 Canny 硬边缘控制

深度控制:识别参考图中的深度信息来控制生图,如图 3-82 所示。

局部重绘:可依据提示词重新绘制参考图中被涂抹的区域,如图 3-83 所示。

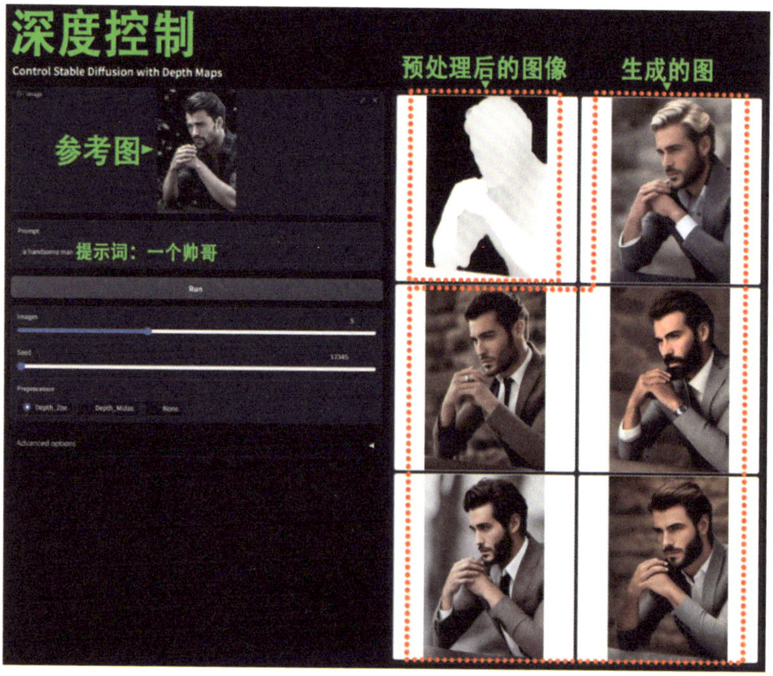

图 3-82　深度控制

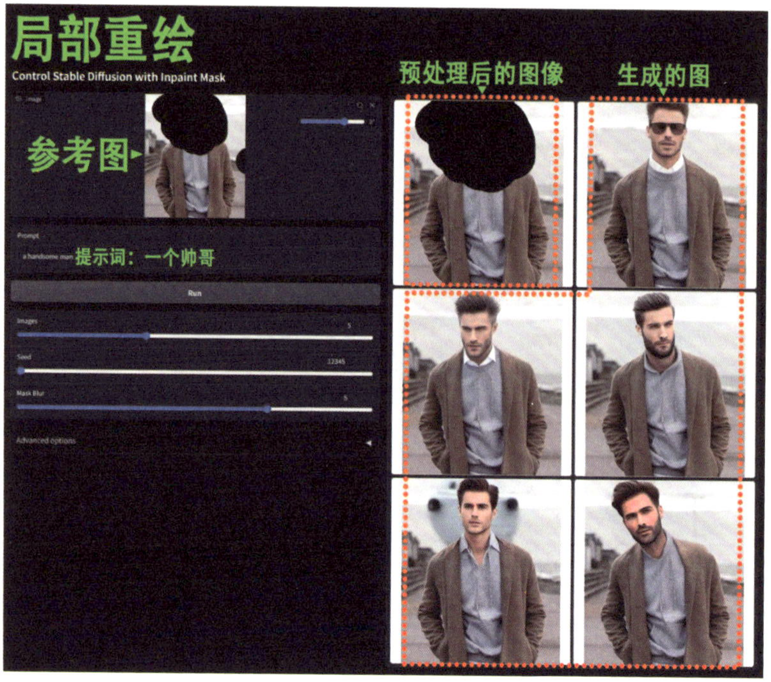

图 3-83　局部重绘

Lineart 线稿控制：将参考图转换为带有细节的线稿，以此来控制生图内容，如图 3-84 所示。

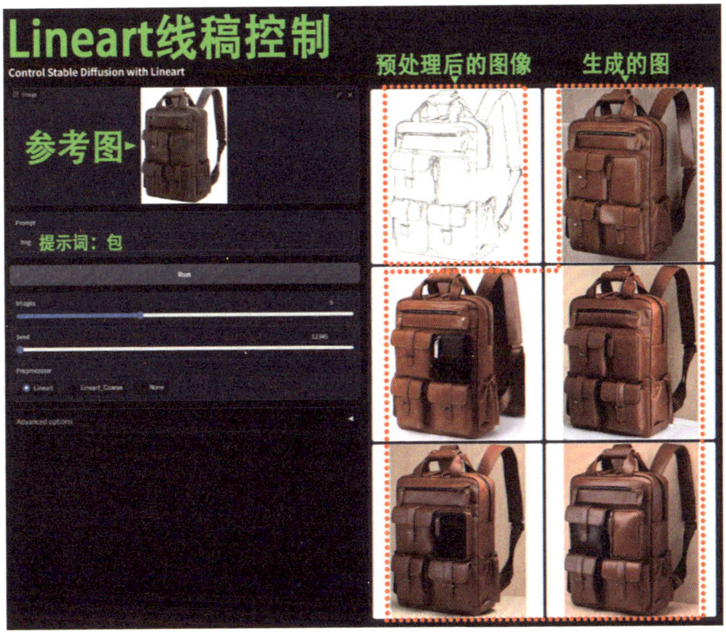

图 3-84　Lineart 线稿控制

MLSD 直线控制：以参考图中识别到的直线控制生图内容，如图 3-85 所示。

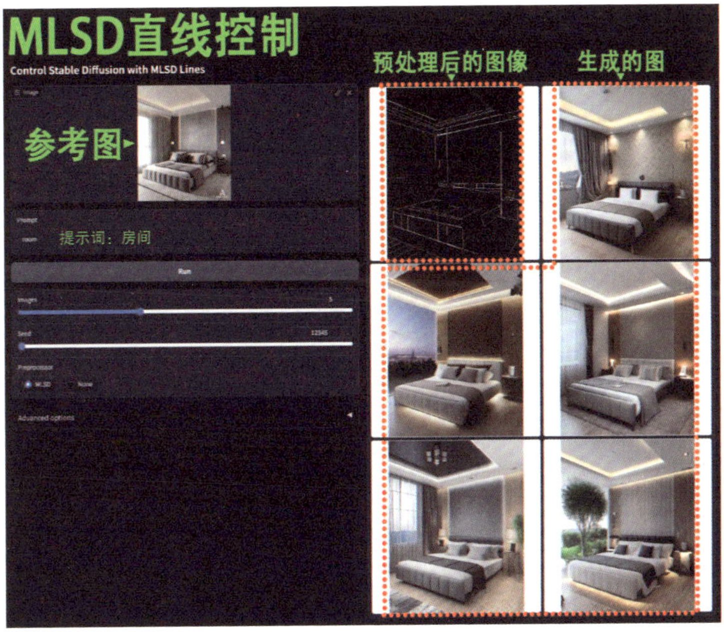

图 3-85　MLSD 直线控制

Scrrible 涂鸦控制：以涂鸦简笔画的形式控制生图内容，如图 3－86 所示。

图 3－86　Scrrible 涂鸦控制

SoftEdge 软边缘控制：识别参考图内容边缘，控制生图形状，如图 3－87 所示。

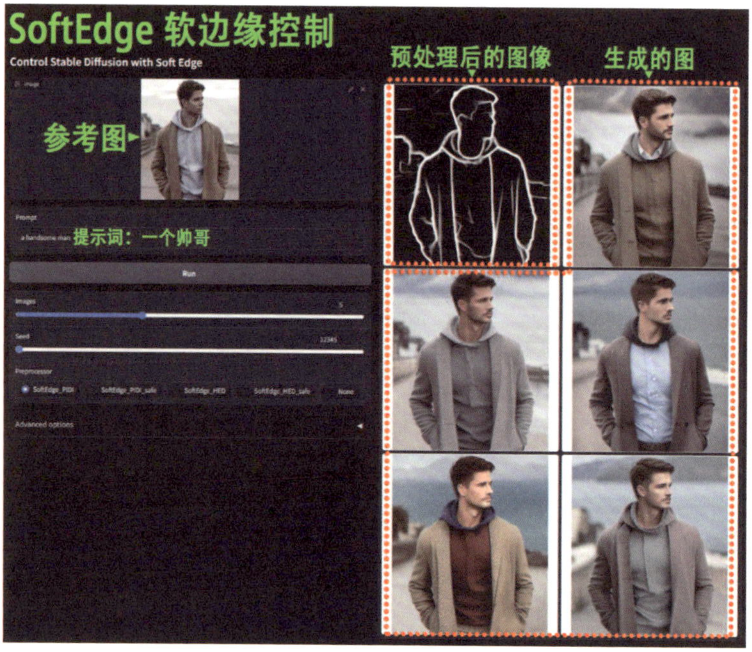

图 3－87　SoftEdge 软边缘控制

Tile 分块控制：可将模糊的图片变清晰，用来放大图片并且增加细节，如图 3-88 所示。

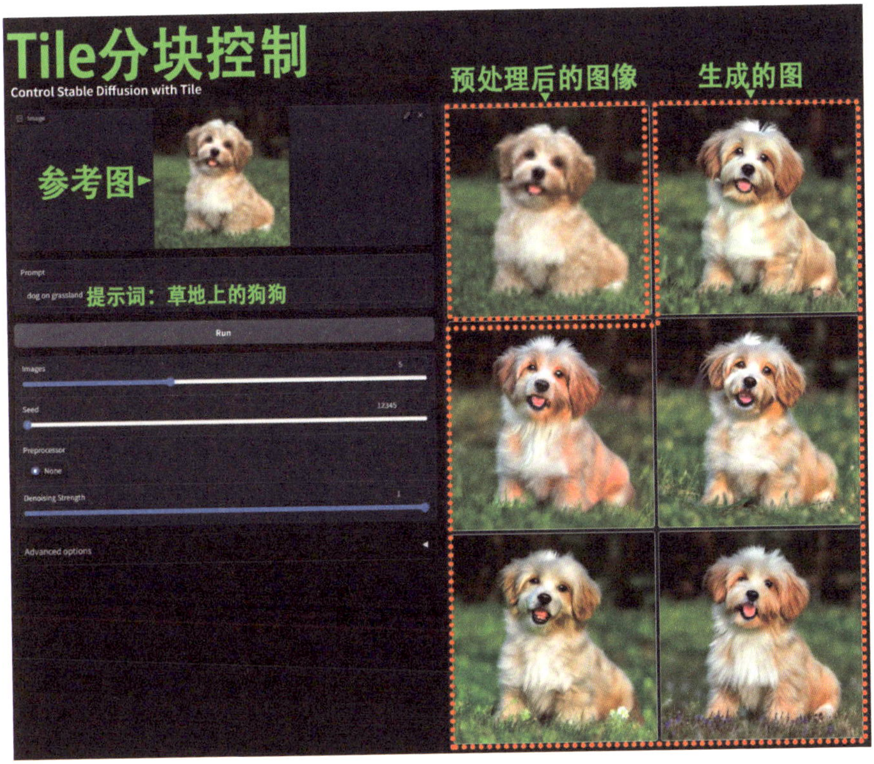

图 3-88 Tile 分块控制

3.3.5 其他插件功能介绍

SD WebUI 为开源项目，其作者为保持代码整洁且便于管理，只提供了核心的文生图、图生图功能以及一些设置与管理选项，将非核心功能转为插件和拓展脚本形式提供，这样就可以通过这些插件来定制某些功能，促使 SD WebUI 的功能更加多样化。SD WebUI 的插件发布于 GitHub 网站，GitHub 是一种基于云端服务的平台，可在其中存储、共享并与他人协作编写代码，编写好的插件也会存储在这个云平台中。SD WebUI 中的扩展选项由三部分内容组成，分别是已安装（已经安装的插件）、可下载（从网址加载插件列表）、从网址安装（从特定的插件网站直接安装），如图 3-89 所示。

已安装选项可以查看 SD WebUI 中已内置插件与第三方插件，如图 3-90 所示，其中，内置插件即 SD WebUI 自带插件，无需安装。

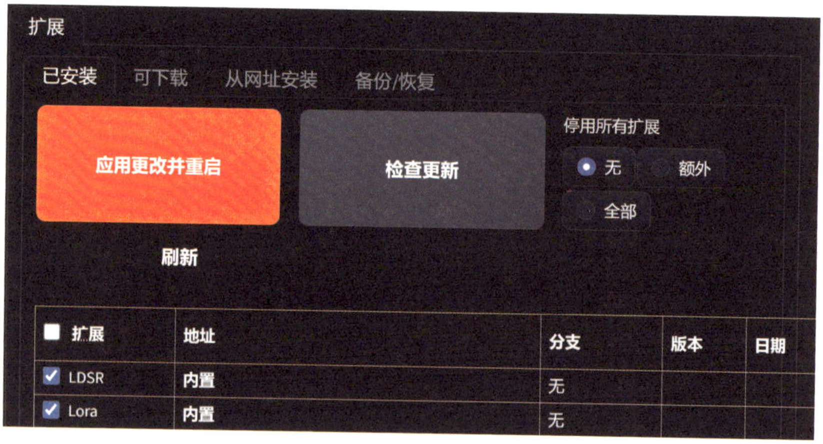

图 3-89　扩展选项

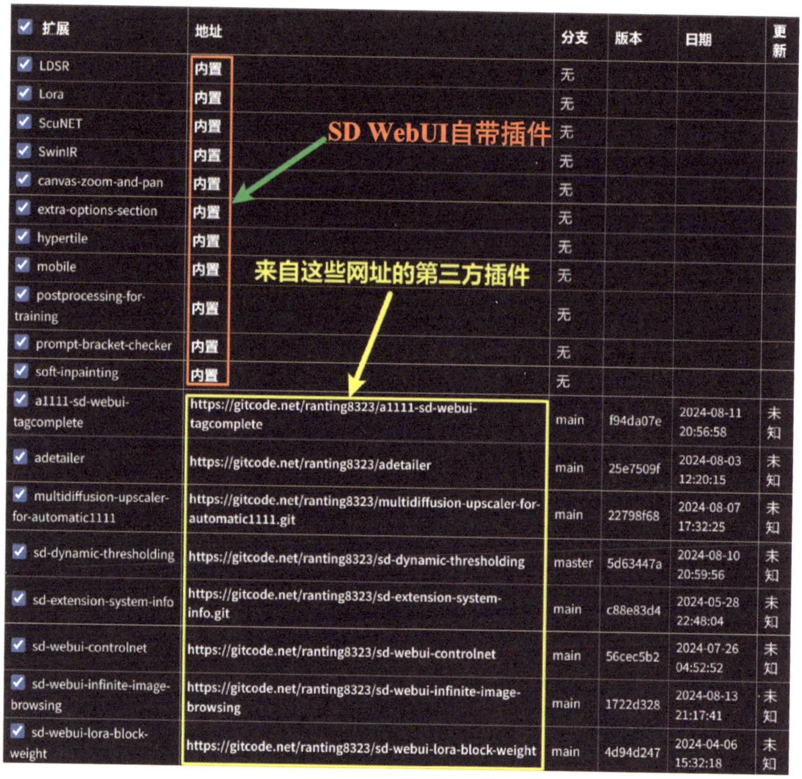

扩展	地址	分支	版本	日期	更新
LDSR	内置	无			
Lora	内置	无			
ScuNET	内置	无			
SwinIR	内置	无			
canvas-zoom-and-pan	内置	无			
extra-options-section	内置	无			
hypertile	内置	无			
mobile	内置	无			
postprocessing-for-training	内置	无			
prompt-bracket-checker	内置	无			
soft-inpainting	内置	无			
a1111-sd-webui-tagcomplete	https://gitcode.net/ranting8323/a1111-sd-webui-tagcomplete	main	f94da07e	2024-08-11 20:56:58	未知
adetailer	https://gitcode.net/ranting8323/adetailer	main	25e7509f	2024-08-03 12:20:15	未知
multidiffusion-upscaler-for-automatic1111	https://gitcode.net/ranting8323/multidiffusion-upscaler-for-automatic1111.git	main	22798f68	2024-08-07 17:32:25	未知
sd-dynamic-thresholding	https://gitcode.net/ranting8323/sd-dynamic-thresholding	master	5d63447a	2024-08-10 20:59:56	未知
sd-extension-system-info	https://gitcode.net/ranting8323/sd-extension-system-info.git	main	c88e83d4	2024-05-28 22:48:04	未知
sd-webui-controlnet	https://gitcode.net/ranting8323/sd-webui-controlnet	main	56cec5b2	2024-07-26 04:52:52	未知
sd-webui-infinite-image-browsing	https://gitcode.net/ranting8323/sd-webui-infinite-image-browsing	main	1722d328	2024-08-13 21:17:41	未知
sd-webui-lora-block-weight	https://gitcode.net/ranting8323/sd-webui-lora-block-weight	main	4d94d247	2024-04-06 15:32:18	未知

图 3-90　已安装插件

可下载列表中的插件(即第三方插件)为插件收集网址中的插件,单击“加载扩展列表”后即可加载插件名称与介绍,选择自己想要的插件进行安装即可,如图 3-91 所示。“从网址安装”选项将在 3.3.6 小节中具体介绍。

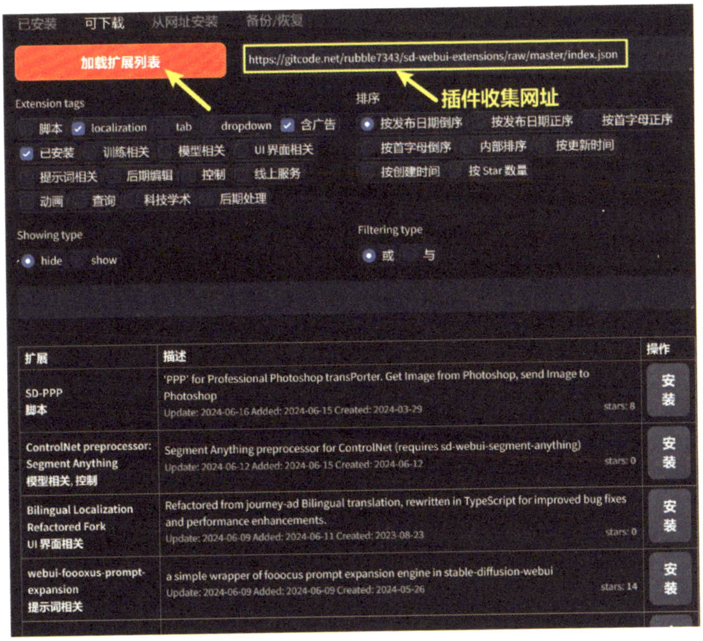

图 3－91　可下载插件列表

SD WebUI 中有许多有意思的插件，图 3－92 对其功能进行了展示。

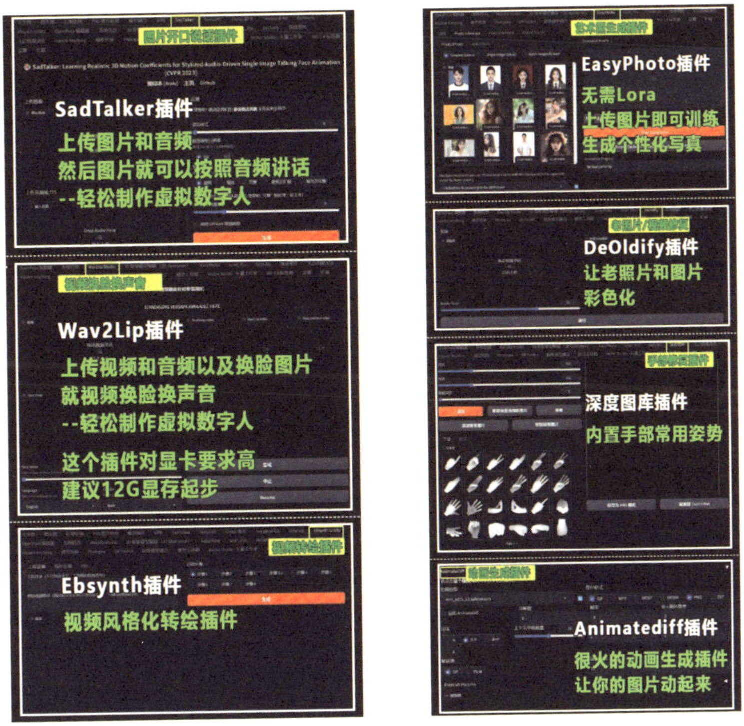

图 3－92　其他插件展示

3.3.6 插件安装

SD WebUI 插件安装中最常用的就是从网址安装插件，这里以 sd-webui-photopea-embed 这个插件为例讲解如何安装插件。

sd-webui-photopea-embed 是一款功能类似 Photoshop 的 SD WebUI 插件，可以直接在 SD WebUI 中使用 Photoshop 的大部分功能，方便对图像进行处理，而无需外部打开 Photoshop 修图软件。访问 https://github.com/yankooliveira/sd-webui-photopea-embed 网址，然后单击 Code 下面的复制插件链接，如图 3-93 所示。

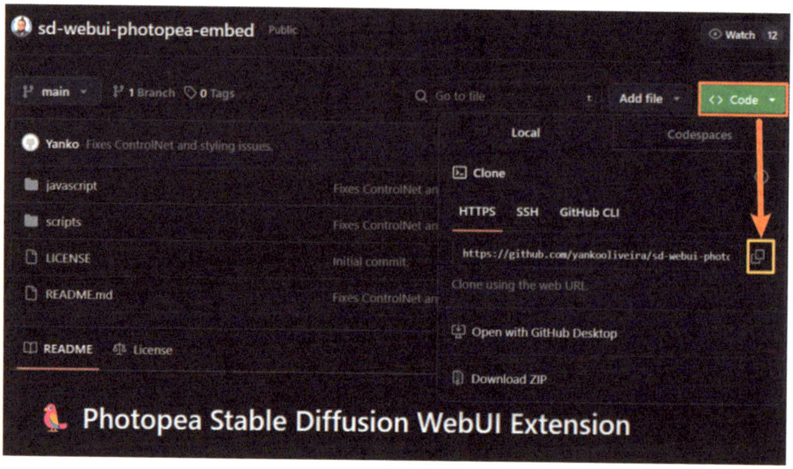

图 3-93 复制插件链接

复制好链接后，将此链接粘贴到 SD WebUI 扩展选项中的“从网址安装”第一栏中，粘贴好后单击“安装”按钮即可，如图 3-94 所示。

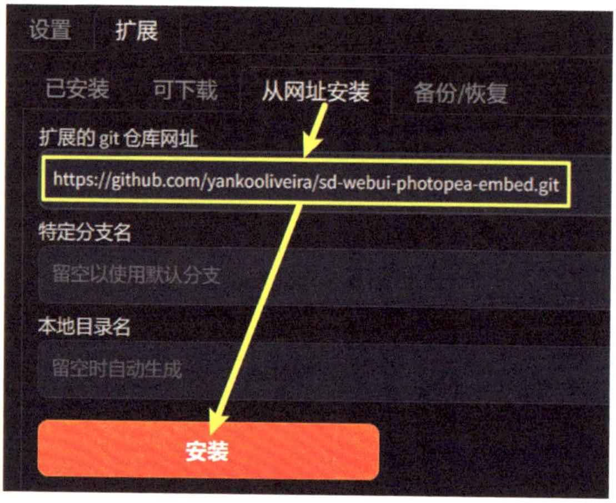

图 3-94 粘贴插件链接

安装好后会显示已经安装到 SD WebUI 插件文件夹下，然后到已安装选项中单击“应用更改并重启”按钮，重启 SD WebUI 即可，如图 3－95 和图 3－96 所示。

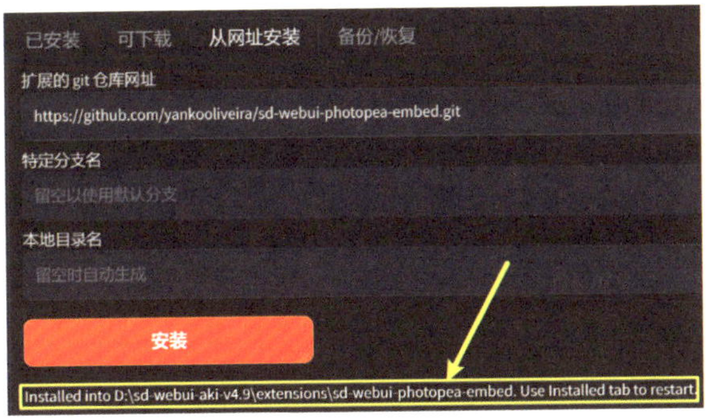

图 3－95　安装成功提示

图 3－96　单击“应用更改并重启”按钮使插件生效

重启 SD WebUI 后，单击 Photopea 选项，即可查看该插件的功能，如图 3－97 所示。该插件可以直接编辑文生图或者图生图中的成图，方便二次生成。

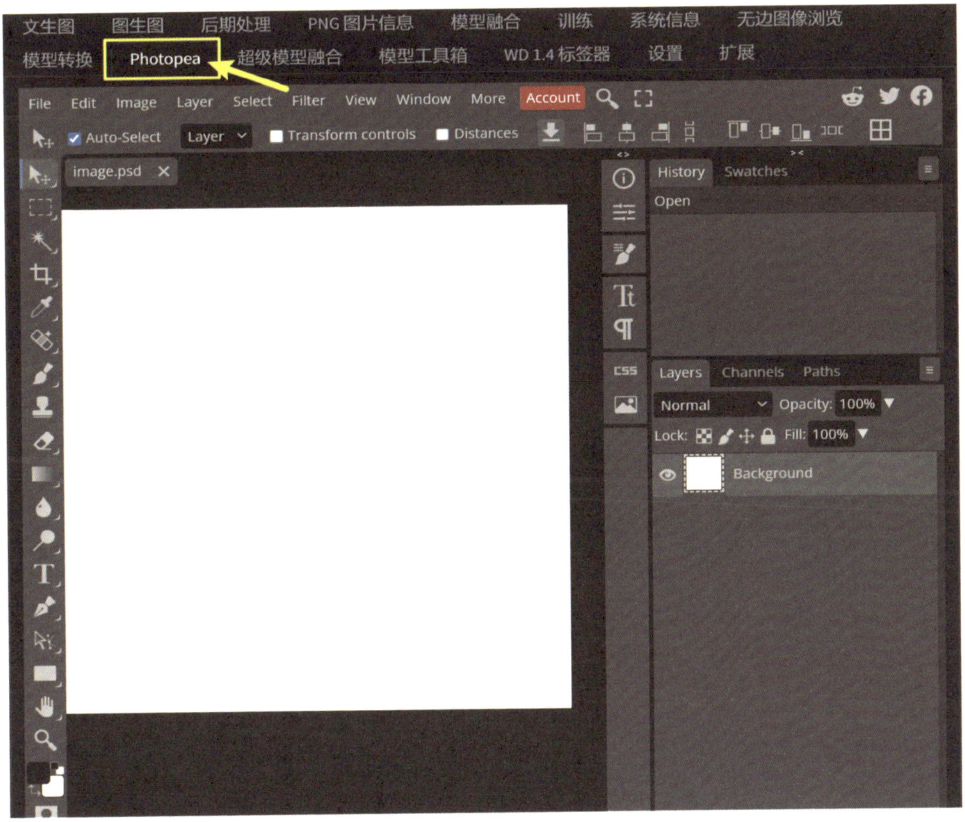

图 3－97　Photopea 插件界面

3.4 高级功能与技巧

3.4.1 X/Y/Z 图表脚本

前面介绍过 Lora 模型是一类微调模型，可以对 Checkpoint 进行特征微调。在模型网站中下载 Lora 模型时可以看到其参数介绍和权重推荐。但在具体出图过程中，确定 Lora 权重时需要经过多次测试才能把握好具体强度。为了对比多参数下的出图效果差异，SD WebUI 内置了名为 X/Y/Z 图表的脚本。该脚本可用于文生图或图生图，具体位置在 SD WebUI 生成选项的脚本设置中，如图 3－98 所示。

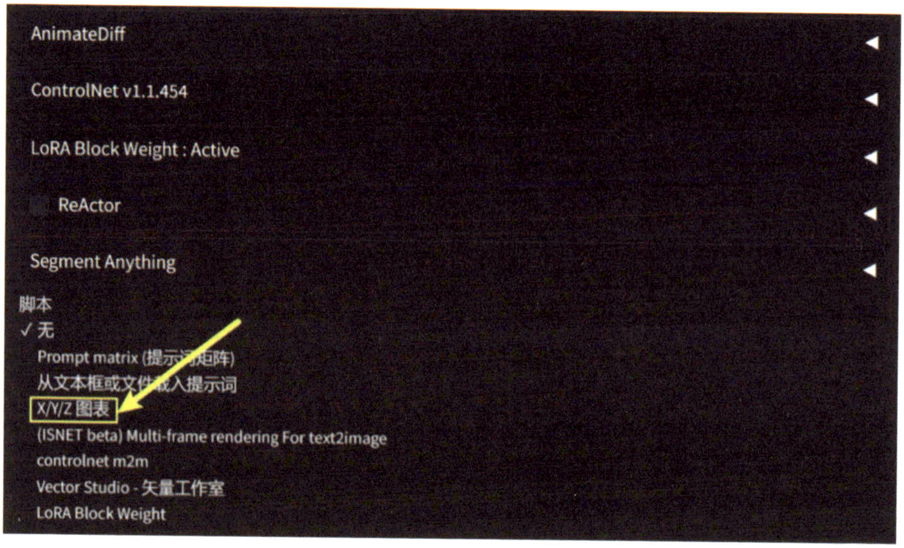

图 3－98 X/Y/Z 图表脚本

X/Y/Z 图表脚本主要由轴类型与轴值构成，总共涉及到 X、Y、Z 三个轴类型与轴值。轴类型中可以选择想要比较的参数，例如迭代步数、随机数种子、提示词引导系数等，如图 3－99 所示。

轴值选项中可以设置对应类型的具体值，根据不同的轴类型有如下不同的写法：

(1) 列表选项类型

例如采样方法，可以设置成 Euler a、Euler、LMS、Heun、DPM2、DPM2 a、DPM＋＋ 2S a、DPM＋＋ 2M、DPM＋＋ SDE，这样配置的效果是按照这 9 个不同的 Sampler 来生成的，也可以单击轴值输入框右侧的笔记本图标，快速输入所有的选项，再进行编

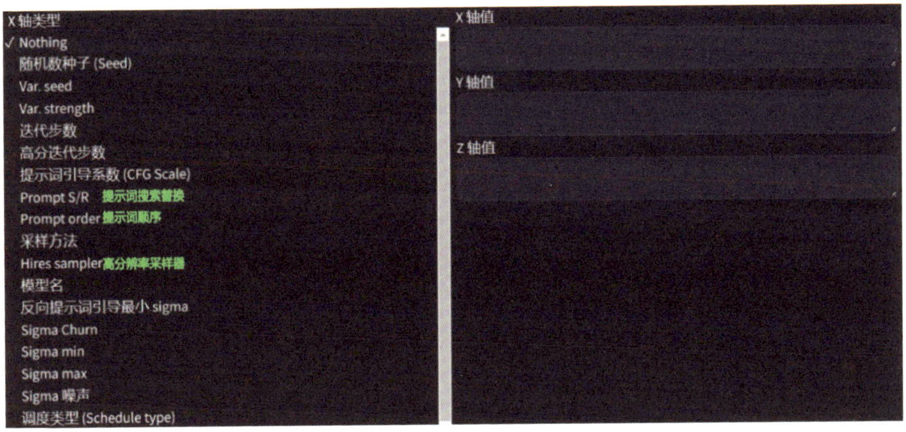

图 3 - 99　轴类型

辑，如图 3 - 100 所示。

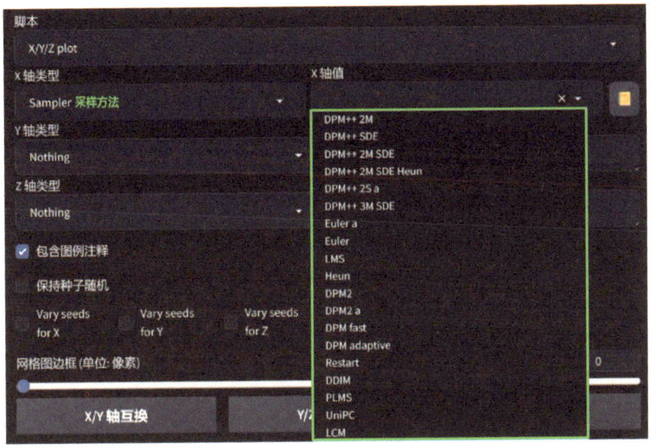

图 3 - 100　X 轴类型与轴值的设置

(2) 数值型(这个写法比较灵活，大概有三种)

- 区间写法 1(递增 1)：
  - 书写格式：1 - 5，表达为：1，2，3，4，5。
- 区间写法 2(修改指定范围内默认递增值)：
  - 书写格式 1：1 - 5 (+2)，表达为：1，3，5，1～5 之间每 2 个数取一个数。
  - 书写格式 2：10 - 5 (-3)，表达为：10，7。
  - 书写格式 3：1 - 3 (+0.5)，表达为：1，1.5，2，2.5，3。
- 区间写法 3(生成指定范围内 n 个数值)：
  - 书写格式 1：1 - 10 [5]，表达为：1，3，5，7，10，生成 1～10 中的 5 个数值。

- 书写格式 2：0.0 - 1.0 [6]，表达为：0.0，0.2，0.4，0.6，0.8，1.0。

(3) 特殊写法

提示词搜索/替换(Prompt S/R)所对应的值：

第一个逗号前的字符用来匹配提示词中的目标字符，后面每个字符或数字用英文输入法下的逗号隔开，这些字符或数字就会成为被替换的参数，从而组成不同组的提示词进行生图，接下来以提示词替换(Prompt S/R)为例进行演示。

为了测试 Lora 模型在不同权重下对 Checkpoint 模型的特征微调程度，这里选择之前文生图中用到的动漫 ReVAnimated Checkpoint 模型以及 Catman Lora 模型，如图 3 - 101 和图 3 - 102 所示。

图 3 - 101　Checkpoint 模型选择(2)

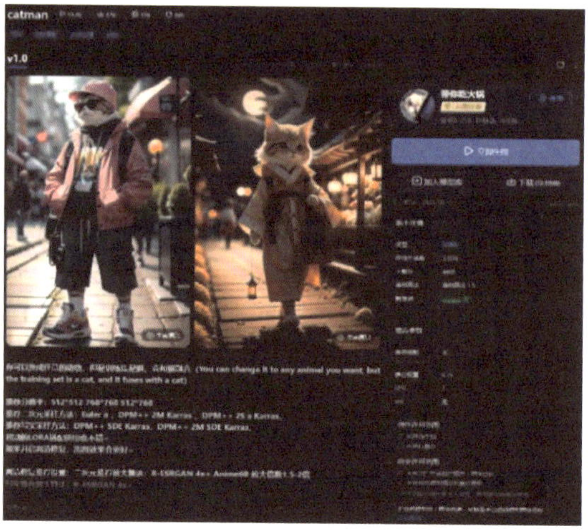

图 3 - 102　Lora 模型选择(3)

提示词设置如图 3－103 所示。

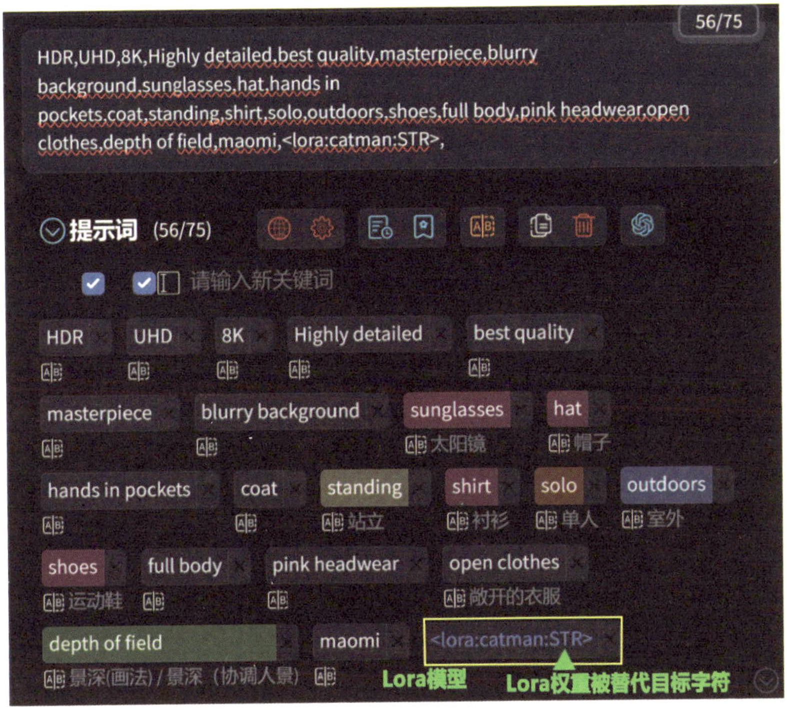

图 3－103　提示词设置

这里要注意 Lora 模型后面的权重不再用数字表示，而是用 STR 字符替代，也就是 Strength(强度)开头的 3 个字母，这 3 个字母会被设置的值所替代，如图 3－104 所示。在脚本设置中，X 轴类型选择提示词搜索/替换(Prompt S/R)，X 轴值填入：

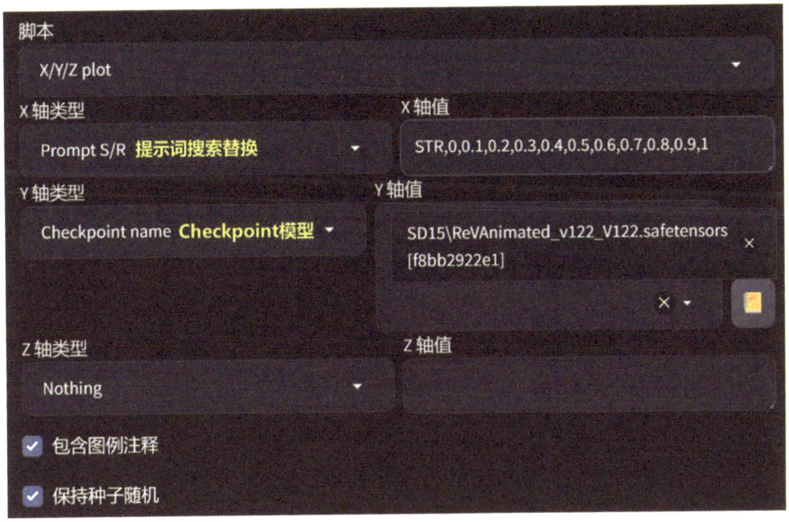

图 3－104　X 和 Y 轴类型与轴值的设置

STR,0,0.1,0.2,0.3,0.4,0.5,0.6,0.7,0.8,0.9,1,STR 会被后面 0~1 的间隔为 0.1 的 10 个数值所替换。Y 轴类型为 Lora 模型所对应的 Checkpoint 模型。

此脚本中 STR 字符每被替换一次就是一段新的提示词,因此会生成含有 10 张 Lora 模型权重图的对比图,如图 3－105 所示。

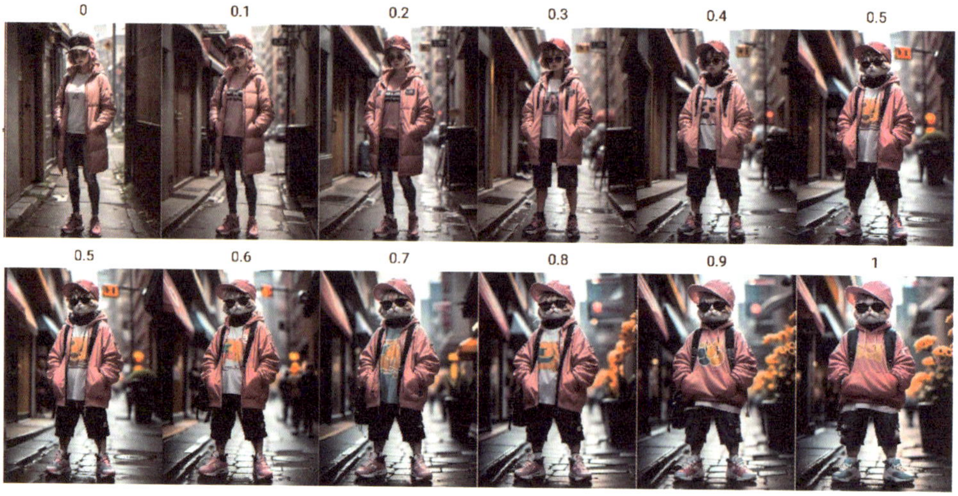

图 3－105　脚本生成的不同 Lora 模型权重成图效果对比

从图 3－105 中可以看出该 Catman Lora 模型在权重为 0.5 时就可以起作用了,此时大模型中的人物特征已经被微调成了猫人。当 Lora 模型权重为 1 时,其微调特征效果最为强烈,画面中的整个形象身体比例也变成了 Q 版可爱型风格,与权重为 0 时的人物身体比例完全不同。在通过此案例了解了脚本的大概用法后,读者可自行尝试对比其他参数在不同设置下的出图效果。

3.4.2　图像放大

在前面的扩散模型介绍中讲解过潜空间,Stable Diffusion 模型就是在潜空间扩散模型的基础上发展而成的。潜空间扩散的最大贡献就是节省了显卡的显存,使个人计算机显卡也能够出图。图 3－106 所示为一般情况下像素大小与对应显卡显存大小间的关系。

随着技术的进步,在同样显卡显存的情况下可出图的像素也越来越高,SD WebUI 中的共享显存技术可以让显卡显存直接调用内存中的空间来处理模型数据,如图 3－107 所示。相比于昂贵的显卡,内存要便宜很多。此选项可以在 SD WebUI 启动器中的高级选项中打开,弊端则是生图的速度会相对慢一些。

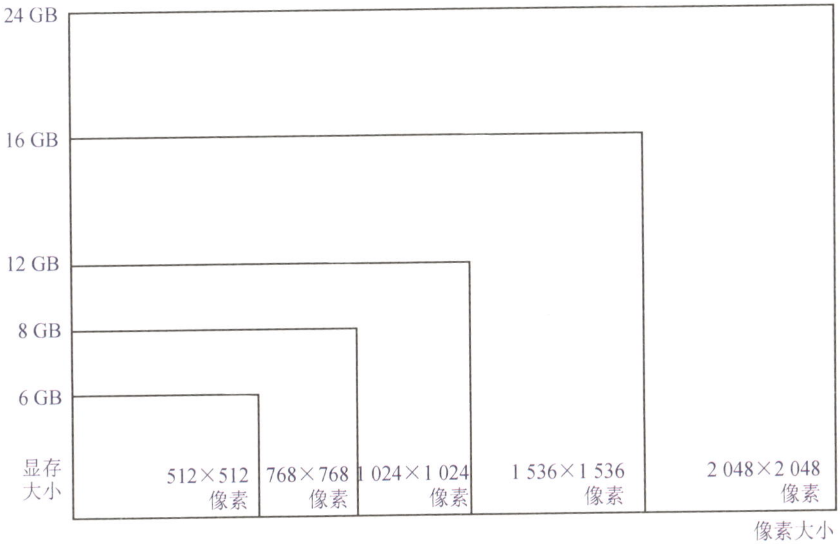

图 3－106　生成图大小与显存的关系

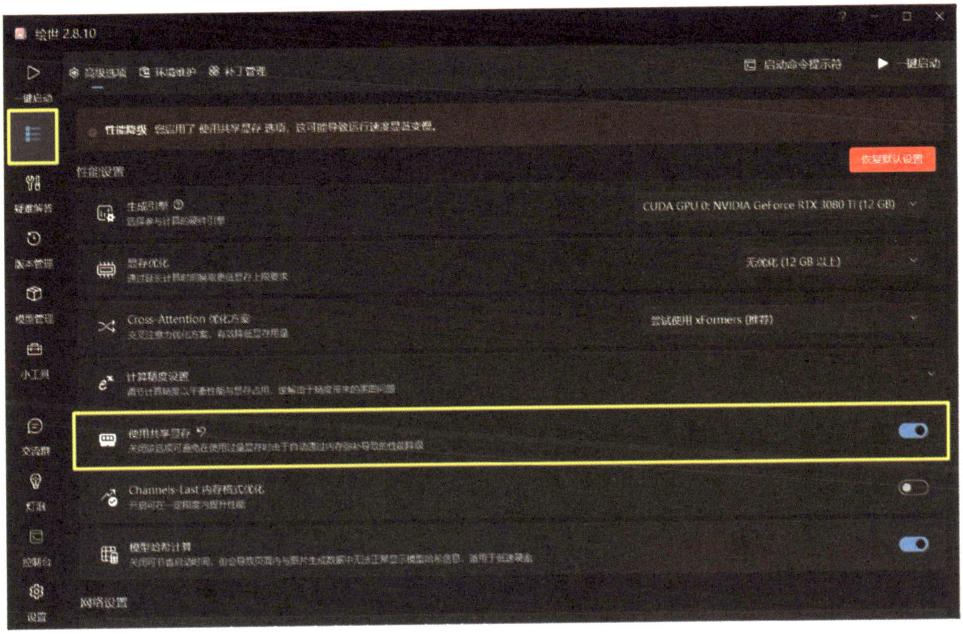

图 3－107　使用共享显存选项

SD WebUI 在不借助插件的情况下生成的原始图最大为 2 048×2 048(前提是 24 GB 显存的显卡)，大部分用户并没有这么高端的显卡。图像高清化在摄影行业以及海报设计行业尤为重要，在有限的显存下生成 4K 或者 6K 乃至 8K 的大图也是很多 SD WebUI 插件作者开发的方向。在 SD WebUI 中，还可以借助 Tiled Diffusion、Tiled VAE 插件以及 ControlNet 插件一起实现图像的放大。Tile 的原本翻译为瓷砖、瓦片，在 SD WebUI 中特指对于图像的分块处理，将一张大图分成小块，然后每块独立计算，最后再合并成大图，如图 3－108 所示。这样做的目的就是提高图像分辨率及降低高分辨率图像对显卡显存的要求。

图 3－108　Tile 放大原理图

在放大过程中，文生图或图生图插件中的 Tiled Diffusion 和 Tiled VAE 插件负责图像扩散、编码和解码。因此在操作过程中这两个选项都要打开，如图 3－109 所示。

潜空间分块宽度和高度：Tiled Diffusion 中潜空间分块的宽度与高度用于设置分块像素的大小，同一潜空间尺寸下分块宽度和高度越大最后分块的数量就越少，计算速度也会快一些。每一个块在解码后对应一个图像，SD WebUI 中的 Checkpoint 模型通常无法有效绘制 1 280 像素以上的图像（本书以 Stable Diffusion 1.5 版本模型为例），1 280 像素的图像转换到潜空间内就是 160 像素，因此通常分块的宽度与高度设置为 64～160 之间，且是 8 的倍数，64 为 512 像素的图像转换到潜空间后的尺寸。

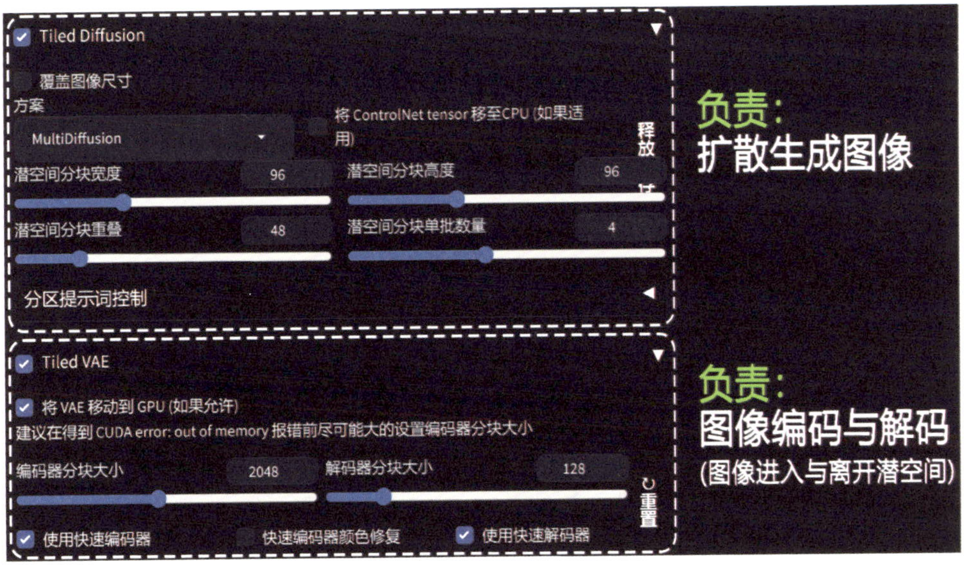

图 3－109　放大过程中的扩散与编解码

潜空间分块重叠：在对每个分块进行绘制时，分块之间并不是相互独立的，需要重叠一部分才不至于有明显的接缝，如图 3－110 所示；但如果重叠数值设置得过大就会导致分块过多，降低生图速度。一般来说这个值保留默认设置，当生成的图有明显接缝感时可以将此值设置得更大一些。其他值不做修改，同样按照默认设置即可。

图 3－110　潜空间分块重叠

潜空间分块重叠的具体使用过程是先在文生图模式中生成低分辨率图像，然后将图像发送到图生图，并且在图生图中启用 Tiled Diffusion 和 Tiled VAE 插件，配合 ControlNet 的 Tile 控制类型，就能在低重绘幅度模式下利用该插件将图像放大到 4K 或者 6K 分辨率级别。以下为实际案例演示。

Checkpoint 模型选择：这次选择 majicMIX realistic 模型，如图 3－111 所示，该模型是一个非常受欢迎且下载量很高的女性人物写实模型，可以在哩布哩布 AI 模型网站下载。

图 3－111　Checkpoint 模型选择(3)

文生图模式提示词：在文生图模式下输入如图 3－112 所示的提示词，该提示词主要描述了“一个扎黑色马尾辫的 18 岁女孩、湿发”，并且用很多质量与风格化提示词来限定图像特征。

文生图模式高分辨率修复：在初步文生图时可以打开高分辨率修复，让图像更加高清化，方便后续图生图放大得到更多细节。具体参数设置如图 3－113 所示。放大后最终生成的图像大小为 1 024×1 280 像素。

文生图生成参数设置：图像大小这里设置为 512×640 像素，其他参数如图 3－114 所示。

发送到图生图继续放大：单击生成后可以看到成图的细节已经很丰富了，接下来要在这个分辨率为 1 024×1 280 像素图像的基础上继续放大图像。单击发送到图生图按钮后，软件会自动把文生图中设置的提示词以及图片和其他参数发送到图

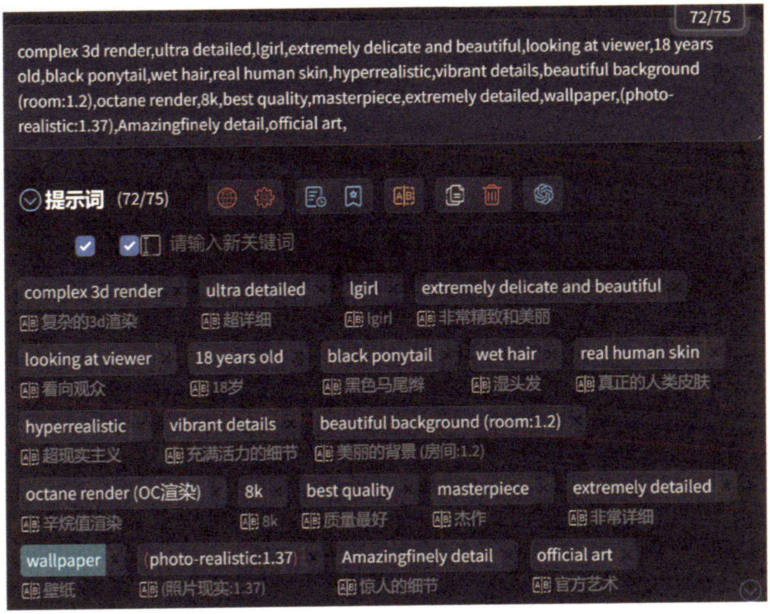

图 3－112　提示词设置

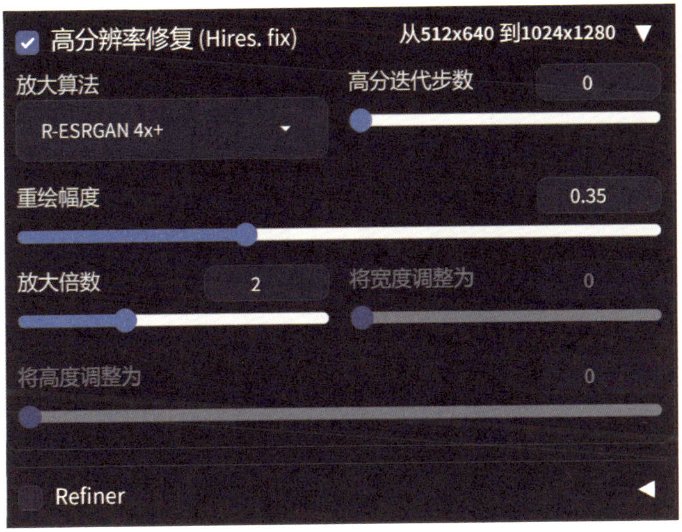

图 3－113　高分辨率修复设置

生图中，无需手动再次输入，如图 3－115 所示。

图生图放大参数调节：除了文生图中已经同步到图生图模式中的提示词与参数外，这里还需要设置重绘幅度以及加载放大插件。重绘幅度设置为 0.3，这个数值对原图的改变不会太大。打开 Tiled Diffusion 和 Tiled VAE 插件，在放大算法选择和高分辨率修复中都使用 R-ESRGAN 4x+。该放大算法比较适合人物图像放大，放

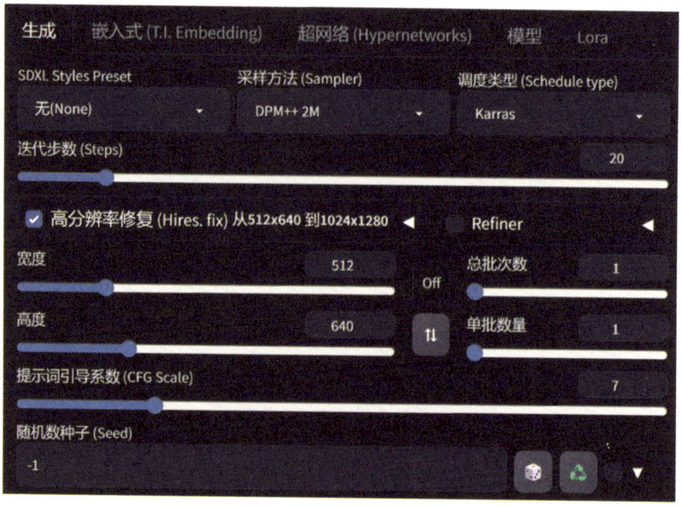

图 3-114　生成参数设置

图 3-115　将文生图成图发送到图生图

大倍数设置为 3，因此最终的图像大小就会由 1 024×1 280 像素变为 3 072(1 024×3)×3 840(1 280×3)像素，其他参数暂不修改，如图 3-116 所示。

ControlNet 插件：控制类型选择 Tile，参数选择默认设置即可，如图 3-117 所示。该控制类型会在分块的同时为图像加入细节，达到放大图像且不失细节的目的。

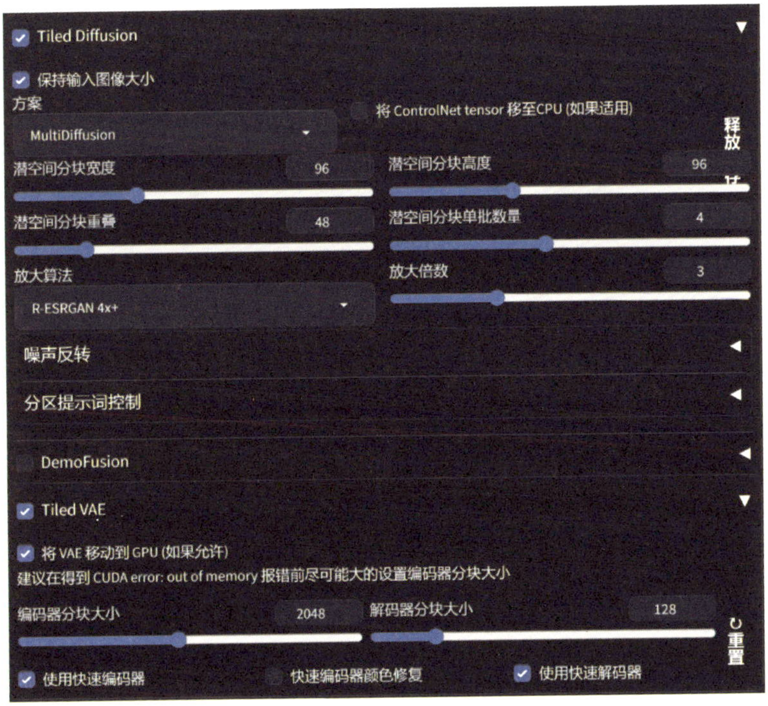

图 3-116　Tiled Diffusion 与 Tiled VAE 设置

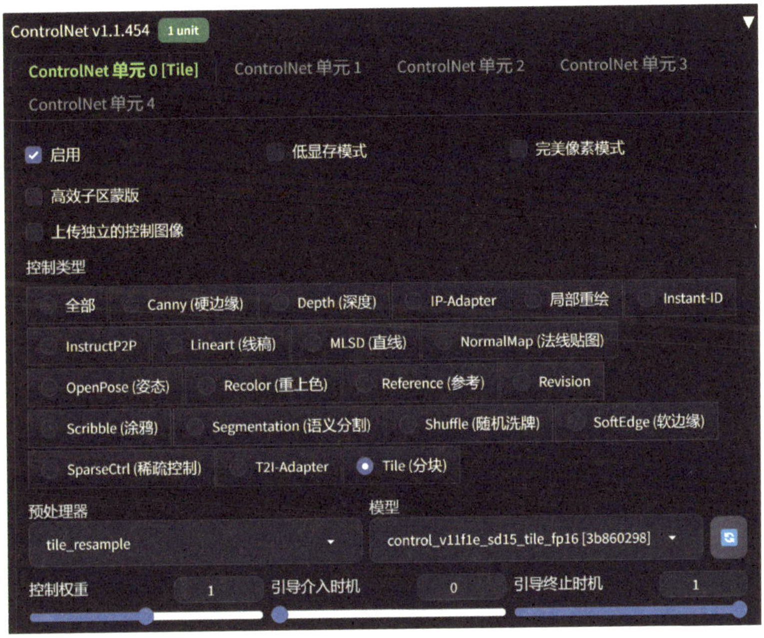

图 3-117　ControlNet 插件参数设置

生成结果对比：如图 3 - 118 所示，从细节对比中可以看到高分辨率图像下皮肤细节更多。这个放大过程在保证图像整体形象不变的前提下，可以大幅提升分辨率且细节丰富，是目前 SD WebUI 图像放大方法中常用的放大流程。

图 3 - 118　原图与放大后的图的细节对比

第 4 章 ComfyUI

4.1 简　介

4.1.1 背　景

ComfyUI 与 SD WebUI 都是 Stable Diffusion 模型的网页版本应用，原理相同，都是利用 Gradio（是一个用于快速创建和共享机器学习模型的 Python 库）定义输入和输出组件，从而创建一个 Web 界面。用户可以通过该界面与 Stable Diffusion 模型进行交互，不同的是两者的操作界面逻辑不同。ComfyUI 的操作界面是基于节点的工作流式的操作界面，如图 4－1 所示；SD WebUI 的操作界面是固定的模块化操

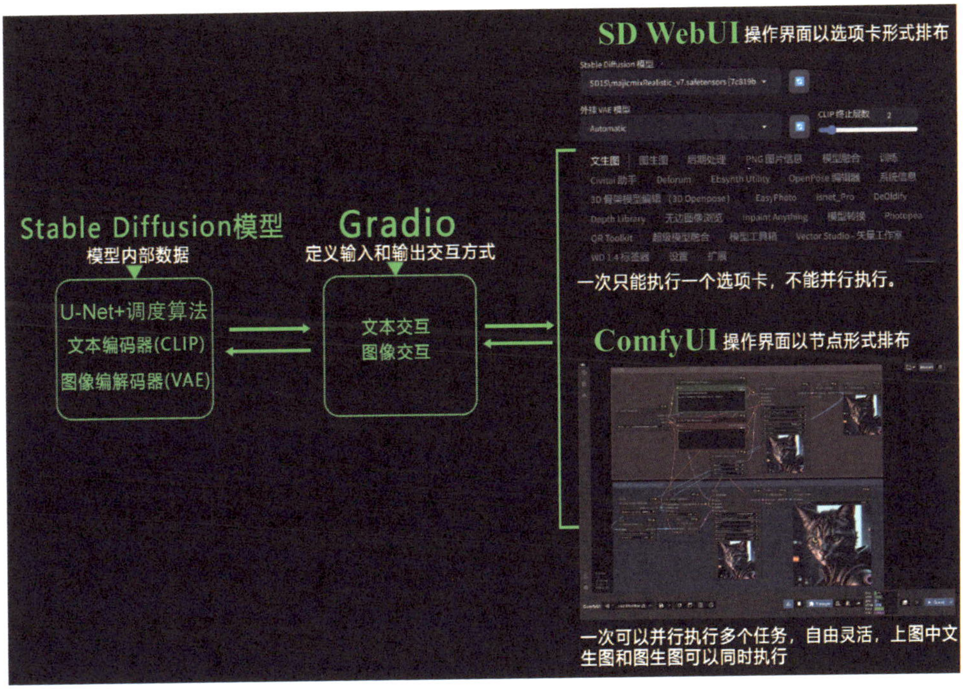

图 4－1　ComfyUI 中的 Gradio 交互方式

作界面，其文生图、图生图以及额外插件均以选项卡的形式排布。操作界面逻辑的不同决定了这两个应用在生图时有着不同的操作方式，SD WebUI 一次只能执行一个选项卡的任务，比如说只能文生图或者图生图，而不能同时执行。ComfyUI 的出现是为了弥补 SD WebUI 在操作灵活性与高效执行方面的缺失。

ComfyUI 与 SD WebUI 对计算机的硬件要求也不同，ComfyUI 由于其有强大的自定义运算节点，可以自由搭配优化的工作流，且其内部算法相对 SD WebUI 也有一定的优化，在执行效率上要比 SD WebUI 高很多，对计算机的配置也会比 SD WebUI 低一些。由于 ComfyUI 工作流需要以节点的形式自己搭建，因此要比 SD WebUI 难。SD WebUI 操作界面已经是固定的模块化选项卡，便于长期记忆，相较而言学习上手难度低。

4.1.2 功能和特点

1. 功　能

ComfyUI 是一个基于网页的界面，旨在简化使用 Stable Diffusion 模型的过程，其节点式的操作界面使生图灵活性大大增加，主要功能如下：

(1) 文生图

用户可以通过输入文本描述(prompt)生成高质量的图像。该功能利用 Stable Diffusion 模型，可以将自然语言转换为逼真的图像。

(2) 图生图

用户可以上传一张图片，然后依据提示词以及重绘幅度对图片进行修改。

(3) 视频转绘

可以对视频做指定风格的转绘，例如真人视频变 2D 动漫视频。

(4) Animatediff 视频生成

在文生图或者图生图过程中，该插件可以在无需额外训练的情况下，将现有的文生图 Checkpoint 模型微调成视频生成模型。相比 SD WebUI 中的 Animatediff 插件，在 ComfyUI 中该插件可以用来做许多创意视频，可调节参数多，功能更加强大。

(5) Ipadapter 图像

可以将一张图像的主题或者风格作为参考因素加入到生图过程中，这个插件可以用图像特征来微调 Checkpoint 模型的风格取向。

2. 特　点

ComfyUI 除了可以加载 Stable Diffusion 模型进行出图外，其节点化的界面方便各种工作流的随意搭配，充分扩展了其功能，相比 SD WebUI 其在生图定制化方面更强，以工作流为主的操作方式也是 ComfyUI 的一大特色，如下：

(1) 生图任务并行处理

支持并行生图过程,用户可以在一个工作流中处理多个生图任务,例如将文生图所生成的结果输入到图生图运行的这个过程可以一次完成,无需像 SD WebUI 一样,需要分开执行。

(2) 多模型并行处理

在 SD WebUI 中一次生图过程只能加载一个 Checkpoint 模型,但是在 ComfyUI 中可以在工作流中的任意一段生图过程结束后,在进入下一段生图过程时切换 Checkpoint 模型,这大大丰富了生图的多样性,生图过程更加便捷。

(3) 强大的本体与扩展节点管理功能

ComfyUI 中的 Manager 节点可以便捷安装与升级,并且可以升级 ComfyUI 版本。Mananger 节点提供了常用插件的模型下载选项,单击相应的模型下载后,该模型可以直接下载到节点对应的文件夹,无需像 SD WebUI 一样,要前往插件对应网页手动下载模型后再放置到相应文件夹。

4.2 安装与配置

4.2.1 操作系统要求

ComfyUI 操作系统要求与 SD WebUI 相同,具体可以参考本书第 3 章针对 SD WebUI 操作系统的要求。

4.2.2 计算机硬件要求

对 ComfyUI 的计算机硬件要求与 SD WebUI 相同,具体可以参考本书第 3 章针对 SD WebUI 的计算机硬件要求。

4.2.3 安装步骤(以 Windows 为例)

首先打开网页 https://b23.tv/7MBYGmh,观看视频后可以到置顶评论中找到 ComfyUI 安装包下载链接,下载如图 4-2 箭头所示的压缩包即可。

下载后解压到本地计算机磁盘,最好解压到非 C 盘的磁盘中。例如这里使用 7Z 解压软件解压到了 F 盘,如图 4-3 所示。

进入到解压好的文件夹,双击秋叶启动器,然后再单击"一键启动"按钮即可。启动器会依据用户计算机型号自动配置参数,无需修改。具体操作如图 4-4 和图 4-5 所示。

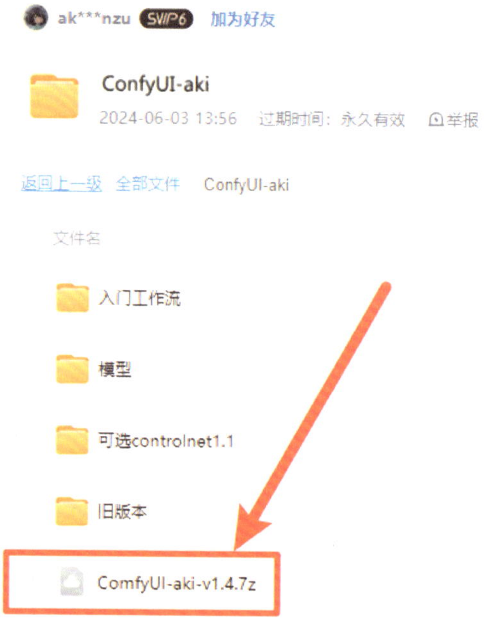

图 4 - 2 下载秋叶 ComfyUI 整合包

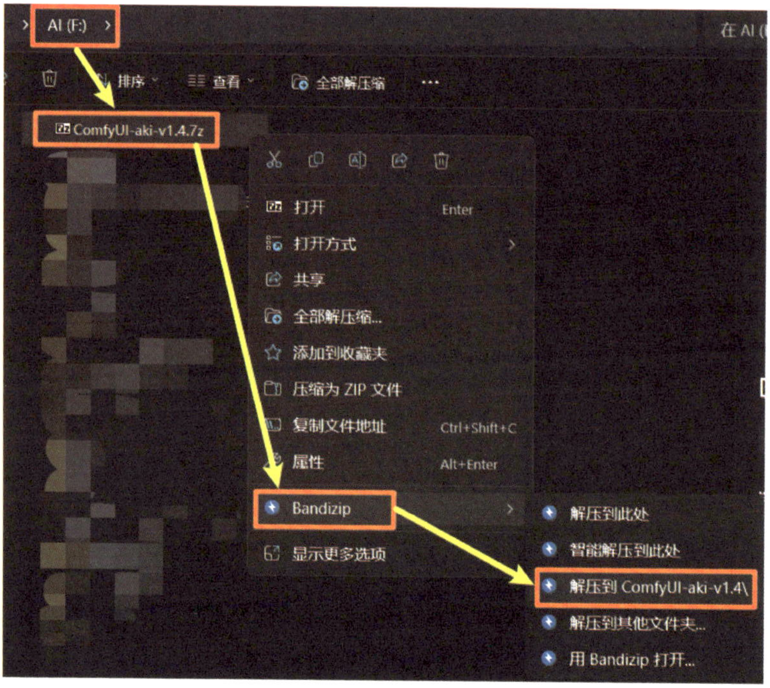

图 4 - 3 解压秋叶 ComfyUI 整合包

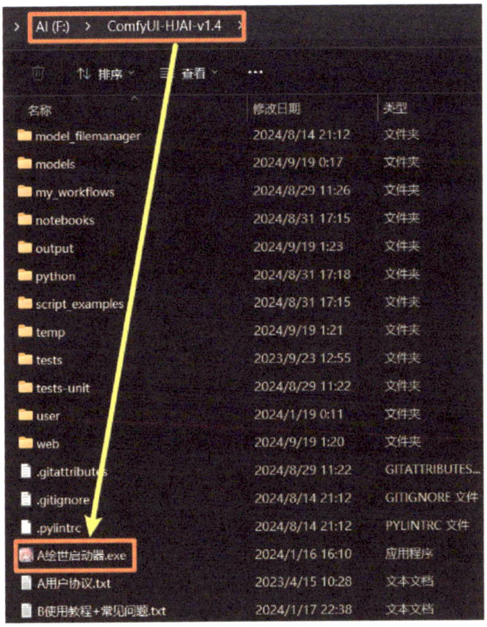

图 4-4　启动 ComfyUI 秋叶启动器

图 4-5　单击“一键启动”按钮

启动成功后浏览器会自动弹出 ComfyUI 操作界面，如图 4-6 所示，到了这步

ComfyUI 就算安装好了。

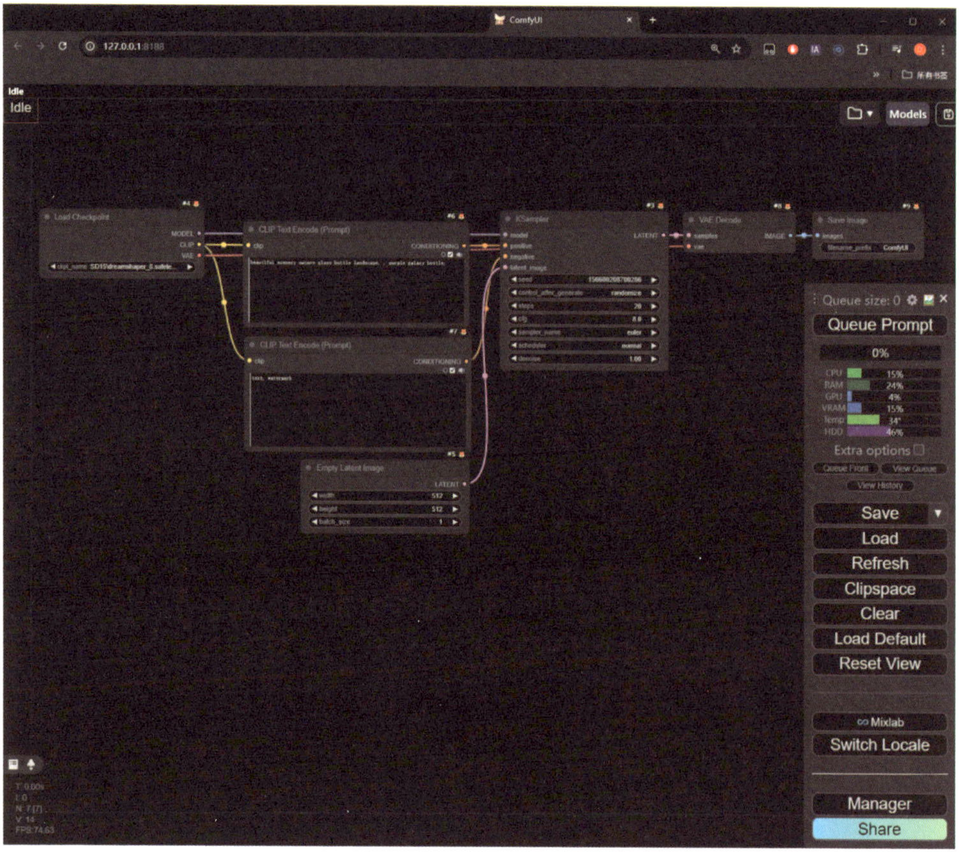

图 4-6　ComfyUI 操作界面

4.3　原理与使用方法

4.3.1　界面设置

设置中文界面：界面启动后首先需要设置软件语言为中文(有英文基础的读者可以不设置)。如图 4-7 所示，单击界面右侧的设置图标，进入后单击列表中的 AGL，然后单击翻译语言后的选项选择中文，最后退出设置，操作界面即可切换为中文。此选项会汉化大部分操作界面，但还会有小部分插件的汉化无法完成，依然会以英文显示，如图 4-8 所示。

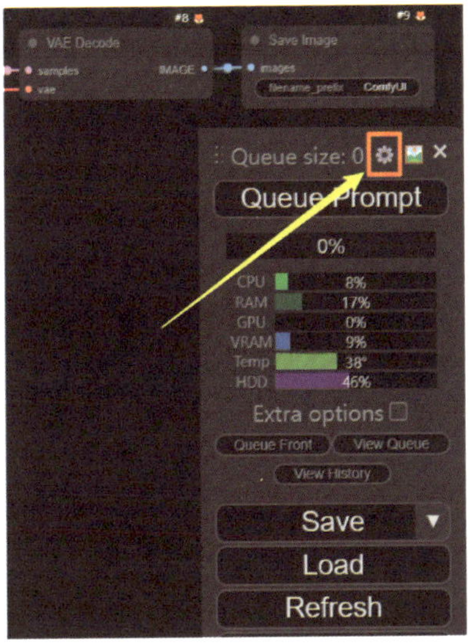

图 4－7　ComfyUI 设置选项

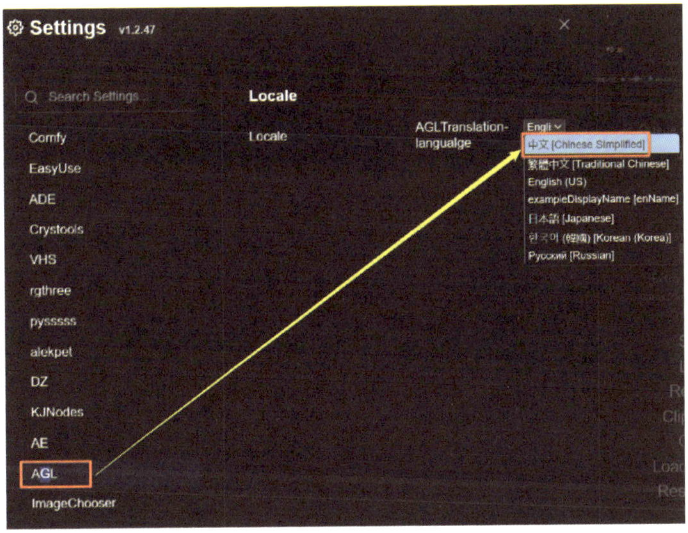

图 4－8　ComfyUI 界面汉化

切换新版本界面：2024 年 8 月 15 日，ComfyUI 制作团队宣布了软件界面的新版优化。在之前的 ComfyUI 版本中，前端是使用原生 JavaScript ESM 模块构建的，没有包含管理功能，这给开发带来一定不便。因此，ComfyUI 团队重新设计了解决方案，新前端利用 TypeScript、Vue 和 Vite 开发，提供了更强大、更易于维护的代码库。开发者还在 Vite 构建过程中开发了一个自定义 shim 扩展，以确保与现有的前端扩展生态系统完全兼容。这个新的技术堆栈将大大加速新前端功能的开发。同样进入设置选项中，单击 Comfy，下拉右侧选项找到菜单设置，将使用新版菜单设置为下或上。本书案例设置为“下”，新版界面布局相比旧版使用更加方便，如图 4－9 和图 4－10 所示。

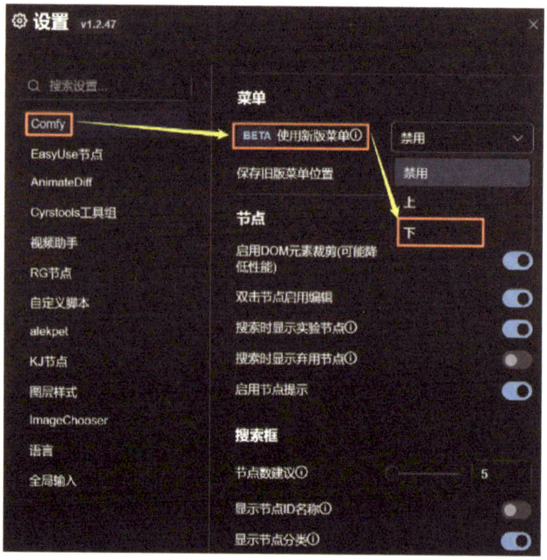

图 4－9　ComfyUI 新版菜单设置

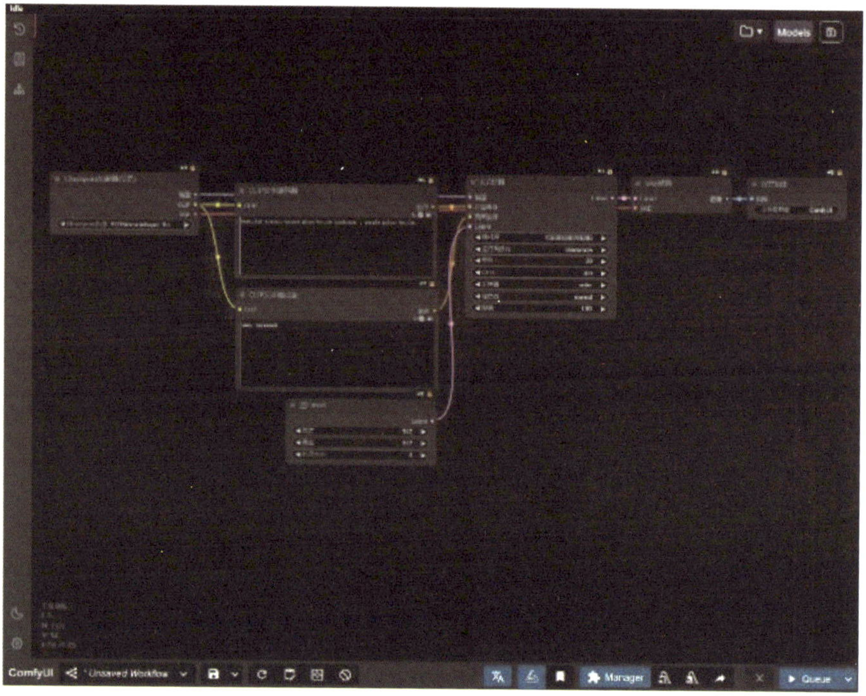

图 4－10　新版界面

4.3.2 界面布局

节点系统是 ComfyUI 的交互基础，不同于 SD WebUI 的传统参数排布式输入，ComfyUI 使用节点连线的方式操作。在讲解 ComfyUI 的界面布局之前需要先了解 ComfyUI 的软件组成，ComfyUI 同 SD WebUI 一样是由本体与扩展组成的。ComfyUI 中的生图功能以节点的形式存在，节点分为本体节点与扩展节点。本体节点具有文生图与图生图等一系列基本功能；扩展节点则是为了扩展软件的用途，由全球开发者开发并且发布于 GitHub 网站，不同的节点具有不同的功能。在 SD WebUI 中安装的插件是以选项卡的形式出现的，而在 ComfyUI 中节点安装后，其功能与参数是以节点库的形式存在的，如图 4－11 所示。

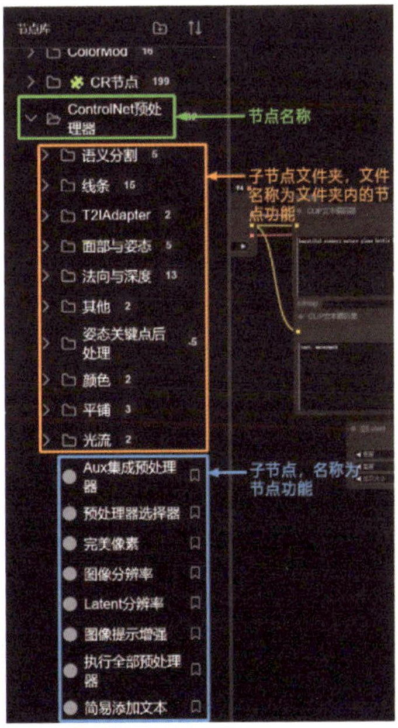

图 4－11　ComfyUI 节点库

工作流也是 ComfyUI 中的一个重要概念，ComfyUI 中的节点在按照使用目的连接后，整个节点操作窗口中的节点连接关系就成为一个工作流，该工作流可保存为一个 json 格式的文件，该文件记录了该工作流中的输入参数以及各个节点的连接方式，如图 4－12 所示。

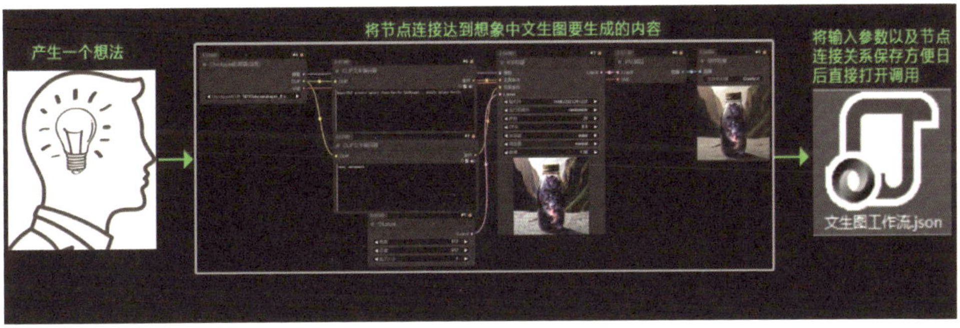

图 4－12　ComfyUI 操作逻辑

ComfyUI 的界面主要由节点操作窗口以及菜单组成，节点操作窗口是操作节点连接的地方，所有的节点连接都要在这个窗口中完成。菜单由四大部分组成，如图 4－13 所示。

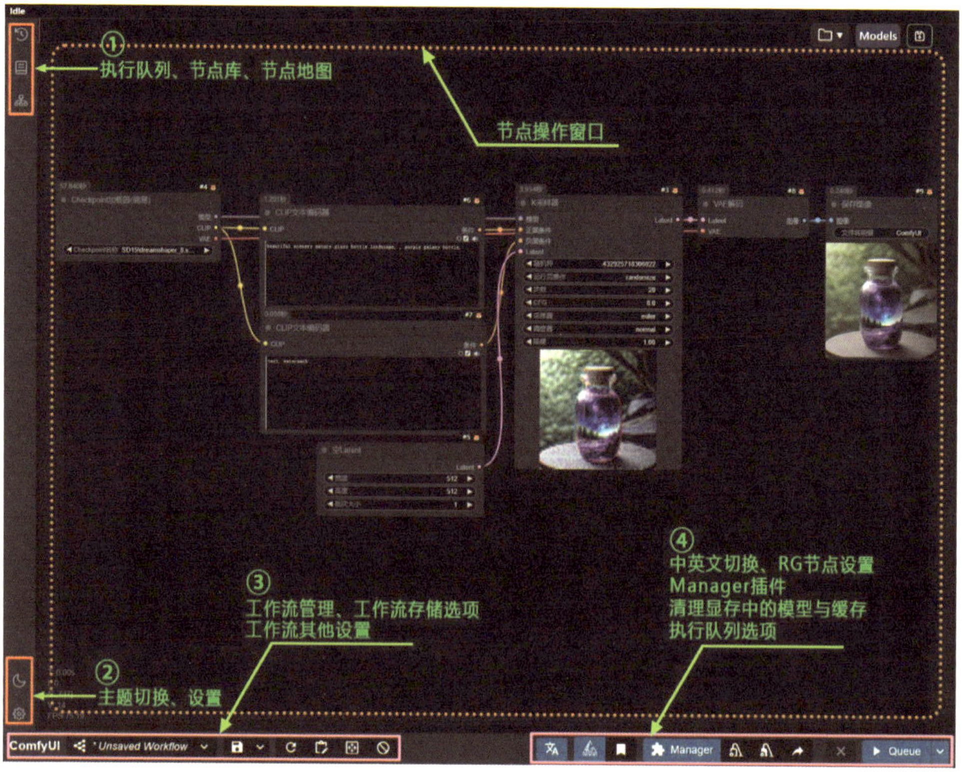

图 4-13　ComfyUI 界面组成

1. 执行队列、节点库、节点地图

：执行队列选项，单击该选项可以查看当前出图任务的执行情况，每次生图完成后生成的图以及所用时间都会显示在这里，如图 4-14 所示。

：节点库选项，单击该选项可查看软件所有节点，包括本体节点以及扩展节点，该库下的每个节点功能由子节点文件夹与子节点组成。

：节点地图选项，单击该选项即可查看现有节点操作窗口中所用到的所有节点，单击节点名称后的眼睛图标即可让该节点在生图过程中不起作用，该节点也会变成紫色消隐形态，如图 4-15 所示。

2. 主题切换、设置

：主题切换选项，可以切换整个界面为暗色系或者亮色系，可以让界面在白天或者晚上观看更加舒适。

：设置选项，该选项可以设置关于 ComfyUI 的大部分内容，其中 Comfy 选项是关于 ComfyUI 本体的设置，单击后可以进行界面主题颜色、节点连线方式、菜单版

图 4 - 14 执行队列

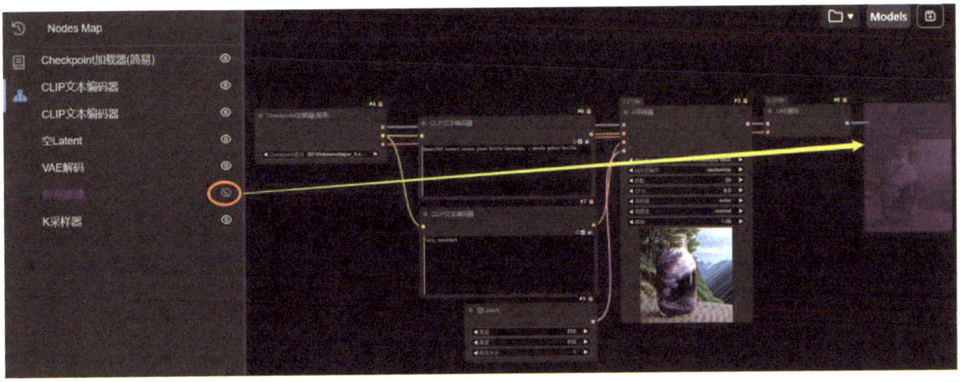

图 4 - 15 节点地图

本等一系列设置。其他选项是安装了扩展节点以后才有的设置，是扩展节点补充进来的设置内容，如图 4 - 16 所示。例如前面的设置语言选项就是在安装 AIGODLIKE-ComfyUI-Translation 这个扩展节点后才有的。

3. 工作流选项

：单击该选项后会弹出加载工作流的选项，具体包括加载默认工作流文件、从计算机本地文件夹加载工作流文件、新建一个工作流文件。浏览选项中是之前已经保存好的工作流目录，如有需要可将其直接加载到当前节点窗口。具

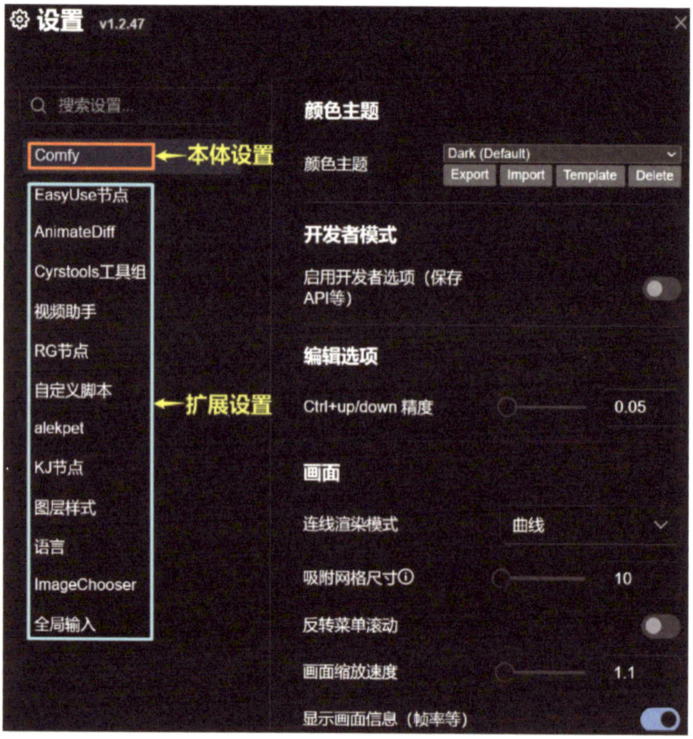

图 4－16　ComfyUI 设置分类

体工作流设置如图 4－17 和图 4－18 所示。

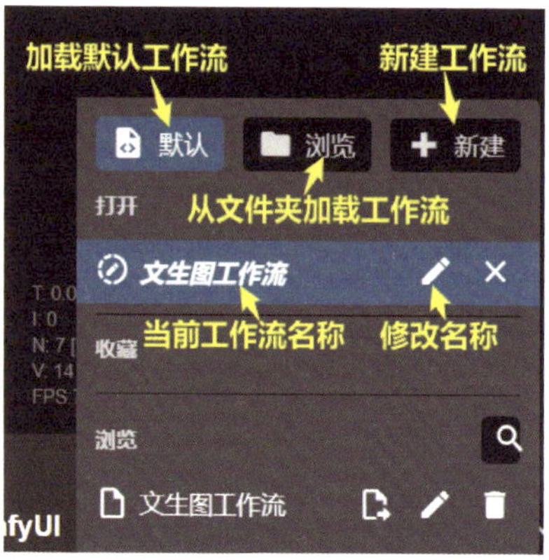

图 4－17　ComfyUI 工作流设置(1)

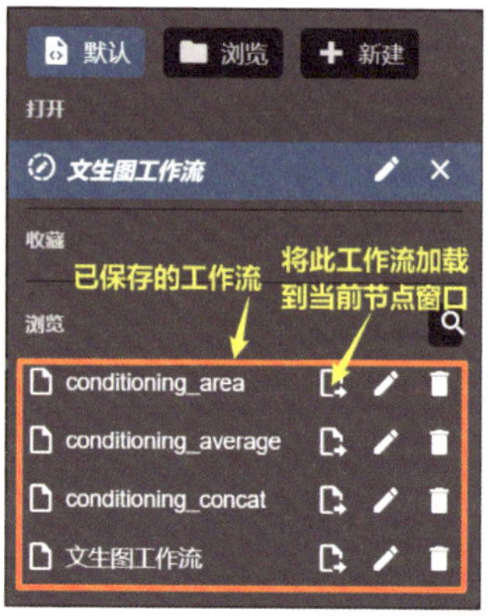

图 4－18　ComfyUI 工作流设置(2)

：该选项为工作流的保存、另存为以及导出。

：刷新节点，在搭建工作流的过程中，新加入模型后如果没有重启 Com-

fyUI，那么模型是无法读取状态的，此时单击此选项即可刷新模型，方便载入使用而无需重启软件。

4. 其他菜单选项

：单击该选项可切换软件中英文界面。

：管理器插件，在该插件中可以升级 ComfyUI 本体与扩展节点，在模型管理选项中可进行扩展节点缺失的运行模型的安装等一系列操作，如图 4－19 所示。

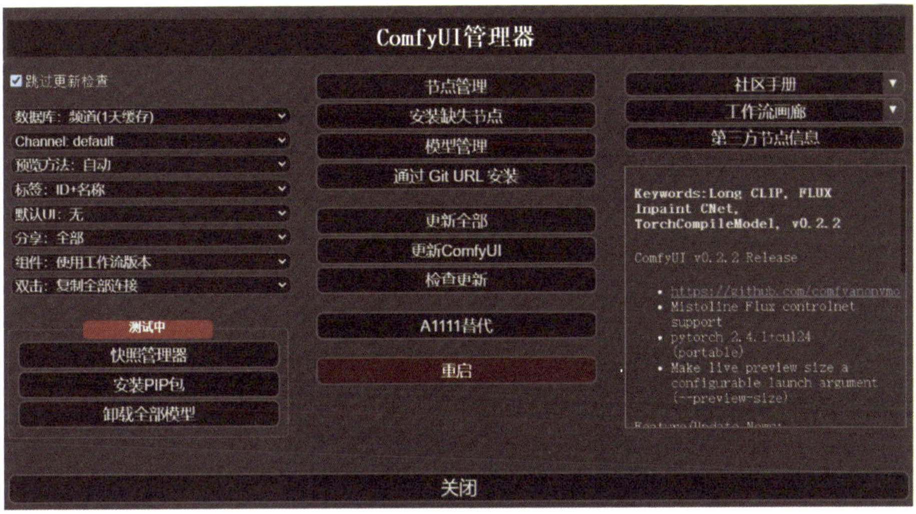

图 4－19　ComfyUI 管理器插件

：这三个选项从左到右分别是卸载当前加载的模型、清理显卡显存中的模型和缓存文件、分享工作流。当工作流中加载的模型过多而导致显卡显存占用过多时，可视情况选择清理显存中的模型与缓存文件。

：该选项可实时显示计算机资源占用状态，方便工作流的搭建。当显存或者内存占用很高时，就需要精简优化工作流，不然很容易导致出图因显存不够而无法完成。CPU 表示的是计算机中的处理器硬件占用情况，RAM 表示计算机中的内存使用情况，GPU 表示计算机中显卡的负载状态，VRAM 表示显卡显存占用状态，Temp 表示显卡的温度，要注意温度不能超过 90 ℃，注意计算机的散热情况。HDD 表示当前 ComfyUI 所在硬盘占用状况。

：单击该选项即可运行当前搭建好的节点工作流，Batch count 控制运行队列个数。“自动执行”设置为“实时”后，只要工作流中的节点参数有变化或者节点连接方式有变化，就会自动执行队列生图任务，无需手动操作，如图 4－20 所示。

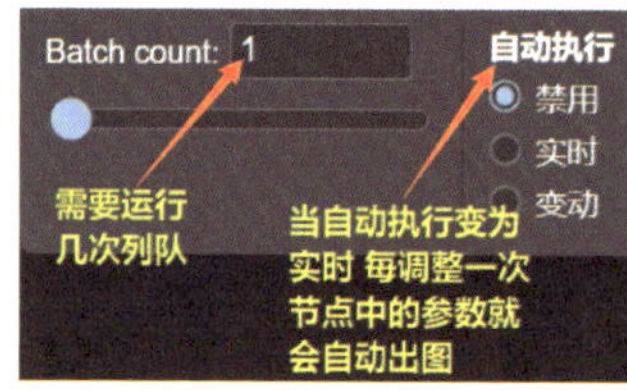

图 4－20 ComfyUI 执行队列(Queue)选项

4.3.3 ComfyUI 节点与 SD 模型结构的对应关系

本书前面关于 SD WebUI 的界面介绍中已经讲解过 SD 模型的下载与安装方法(详见 3.3.1 小节),ComfyUI 中模型放置位置与 SD WebUI 略有不同,从模型网站下载好的 Checkpoint 模型、Lora 模型以及 Embedding 模型需要放到如图 4－21 所示的文件夹中。

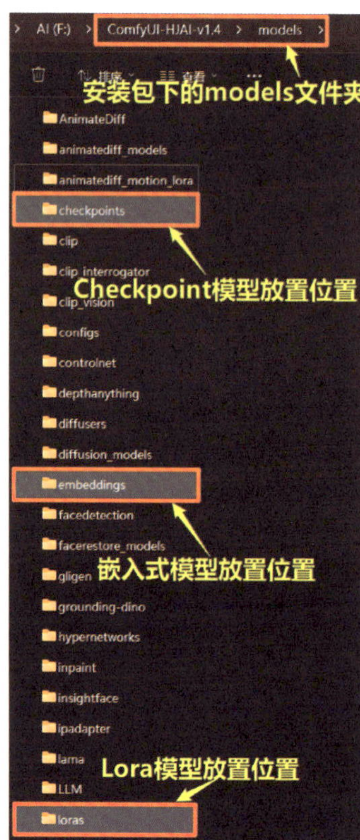

图 4－21 ComfyUI 中的模型放置位置

本书第 3 章介绍了 SD 模型的数据由 U-Net 数据、CLIP 文本编码、图像编解码器(VAE)三部分组成,这三个部分与 ComfyUI 中的 Checkpoint 模型节点的三个选项对应，如图 4－22 所示。

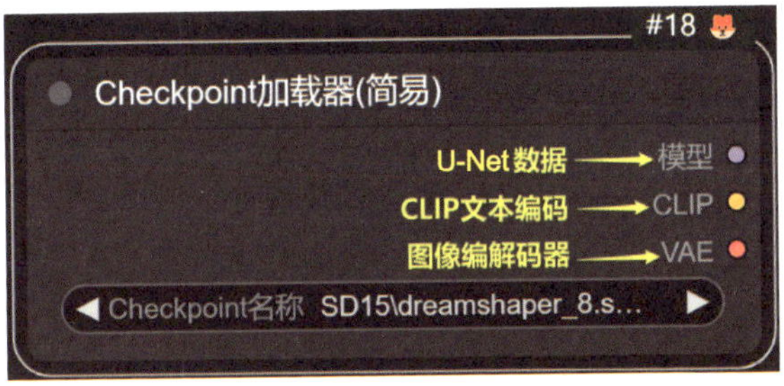

图 4－22 Checkpoint 模型组成

在 ComfyUI 中加载节点有两种方法，第一种是双击节点操作窗口空白处，然后输入想要查找的节点名称，如图 4－23 所示。

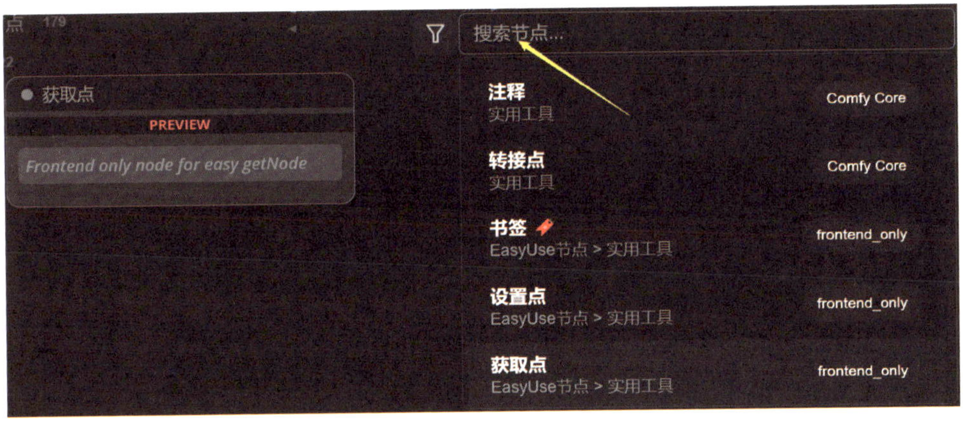

图 4－23 ComfyUI 节点加载 1

第二种方法是单击节点库后搜索想要的节点名称，也可以在节点库中的节点处单击选择，如图 4－24 所示。

4.3.4 工作流搭建原理基础详解

第 3 章 SD WebUI 介绍过文生图与图生图的使用方法，其基础的工作流原理是：设置 Checkpoint 模型与 Lora 模型，写好正反向提示词，设置生图分辨率、采样器等参数，如需要可加载额外的插件（例如 ControlNet 插件），最后是单击“生成”按钮然后等待出图。这一套流程在 ComfyUI 中也同样适用，只不过操作界面与逻辑发生了一些变化，由 SD WebUI 参数框类型的交互界面变为了 ComfyUI 中节点连接类型的交互界面。ComfyUI 中的工作流是由节点组成的，按照 SD 模型的组成以及生图规律，从 K 采样器节点这里可以把工作流拆分为 K 采样器节点之前的模型＋提示

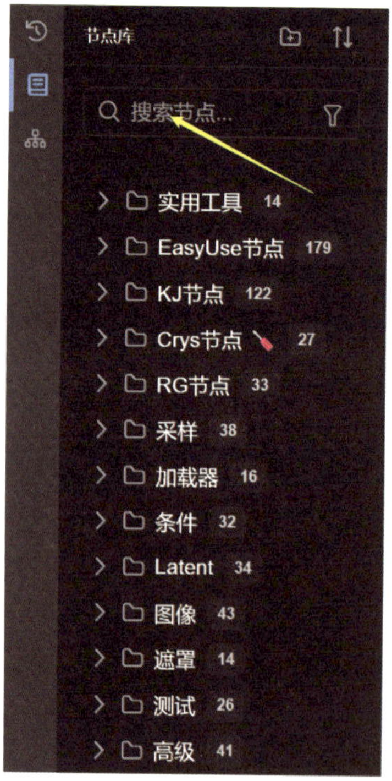

图 4-24 ComfyUI 节点加载 2

词+出图分辨率+插件加载设置等,并汇总到 K 采样器这个节点。可以理解为,在 K 采样器前的所有条件,都会作为条件组合输入给 K 采样器节点,通过 K 采样器汇总采样后,数据传送给 VAE 解码器解码,最终生成图像,即 ComfyUI 的基础工作流原理=条件组合+K 采样器处理(在潜空间中对图像进行处理)+VAE 解码潜空间数据到像素空间生成图像。图 4-25 所示为 ComfyUI 中经典文生图示例,可以划分为三个组成部分。

在介绍了工作流的组成后,接下来以基本的文生图为例讲解节点之间如何连接。每个节点基本上会有输入端口、输出端口(部分节点只有输入或者输出端口)以及节点本身选项调节。Checkpoint 模型加载器节点的输出端口有三项,分别为模型、CLIP 及 VAE,在该节点的选项中可加载 Checkpoint 模型,图 4-26 选择了 dreamshaper_8 模型。

每个端口的颜色都不同,如图 4-27 所示。模型为紫色端口,其输出后的连线只能和相同颜色的端口连接,可直接连接到 K 采样器节点中的模型端口;CLIP 输出端口的颜色为黄色,可以和 CLIP 文本编码器节点中的 CLIP 端口连接。CLIP 文本编码器节点中需要输入提示词(必须为英文字符),正向和反向提示词在经过 CLIP 模型处理后就变成了嵌入向量(Embedding Vectors),该数据作为条件可以输出到 K

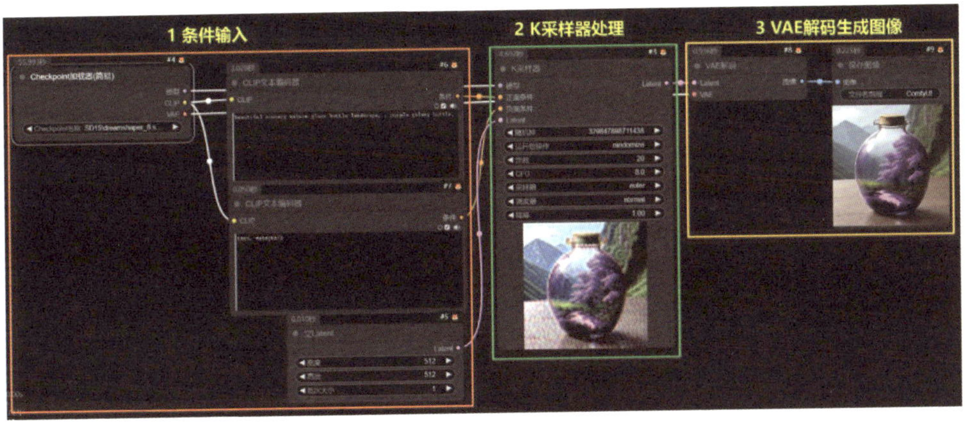

图 4－25　ComfyUI 文生图工作流组成

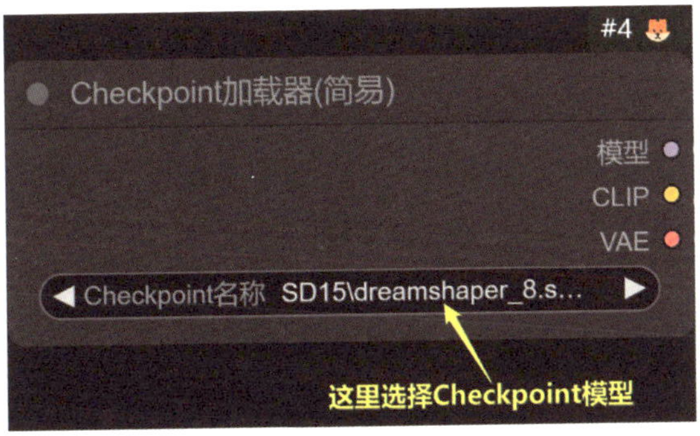

图 4－26　选择 Checkpoint 模型

采样器对应的正向与反向条件端口中。

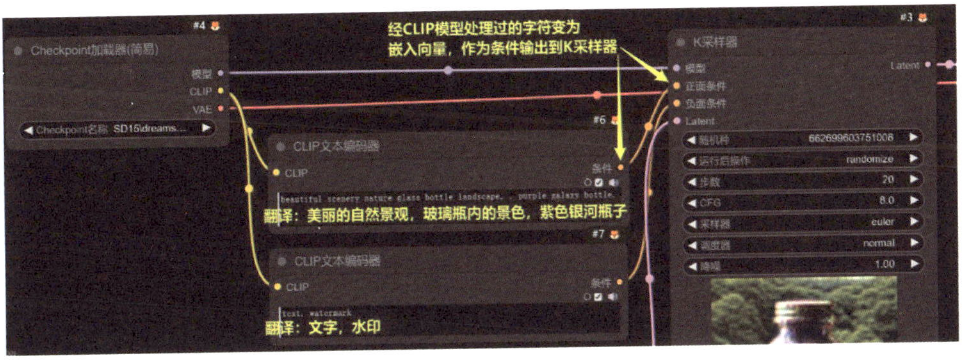

图 4－27　颜色相同的端口连接，进行数据传输

空白潜空间节点中需要输入生图分辨率，这里输入 512×512，要注意输入的是像素空间的分辨率，该分辨率通过 Latent 输出端口连接到 K 采样器节点中的 Latent

输入端口后会除以 8，也就是说潜空间中处理的图像数据大小为 64×64 像素。空白潜空间节点中的批次大小决定一次可以生成几张图，按需填写即可，如图 4－28 所示。需要注意的是，节点输出与输入端口颜色一致才能匹配。

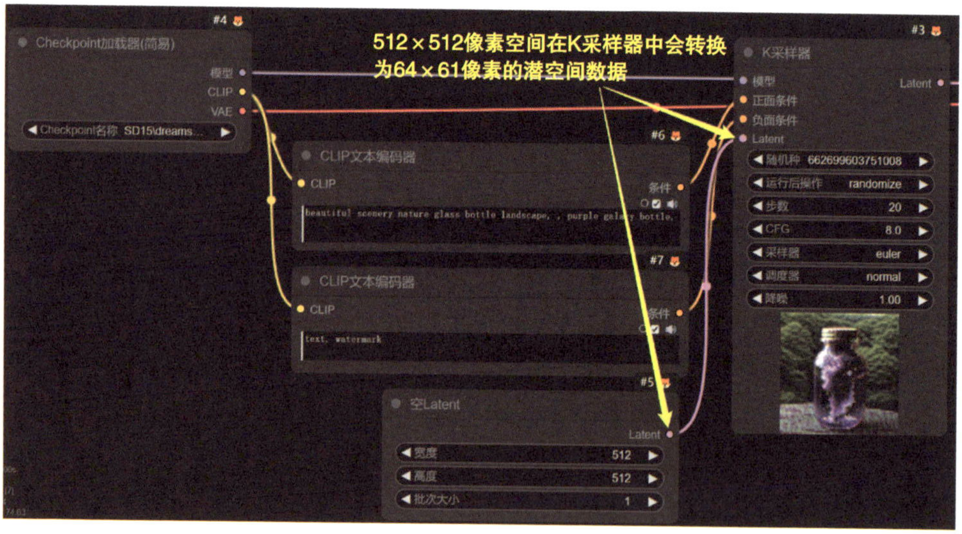

图 4－28　生图分辨率设置

“K 采样器”节点是图像扩散进行的地方，在接收了条件输入后需要设置调度算法（采样器与调度器）等参数才能让潜空间中的图像扩散。图像每生成一次都会产生一个图像种子，“随机种”参数记录了当下图像生成后的图像种子数，该数字与生成的图像绑定，如果下一次生成与本次一模一样的图像，就需要在所有参数都一致的前提下填入上次图像生成的种子数字。“运行后操作”控制生成图像后下次生成图像的种子行为，如果设置为固定，则下次生图就会与本次生图结果一样，也就不会进行生图运算了。“步数”“CFG”“采样器”“调度器”这 4 个参数与 SD WebUI 中对应的参数效果是相同的，具体可参考 3.3.3 小节中文生图操作界面中“区域⑤：生成选项”的详细介绍。“降噪”参数类似于 SD WebUI 中图生图模式下的重绘幅度，在文生图工作流中这里一般设置为 1，意思是潜空间中的数据百分之百参与运算，如图 4－29 所示。

VAE 解码节点负责将潜空间中的数据放大到像素空间中，潜空间中的图像是 64×64 像素的数据，需要还原到分辨率为 512×512 的像素空间才能够作为最终成图。VAE 解码节点的输入为潜空间数据和 VAE 模型，K 采样器进行图像扩散后生成潜空间数据，通过 Latent 输出端口接入到 VAE 解码节点中的 Latent 输入端口。VAE 解码节点中的 VAE 端口需要接入 VAE 模型，VAE 模型来源于 Checkpoint 模型，因此该输入端口直接与 Checkpoint 模型加载器节点中的 VAE 输出端口连接即

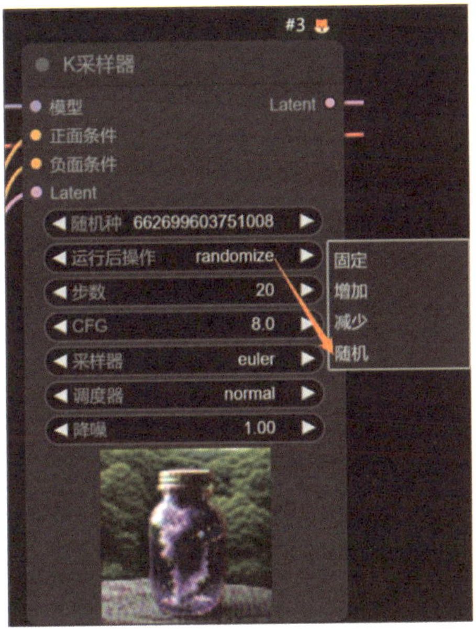

图 4－29　K 采样器节点设置

可，如图 4－30 所示。VAE 解码节点输出的图像，需要保存图像节点才能够查看并且将图像保存到 ComfyUI 安装目录下的 Outputs 文件夹中。

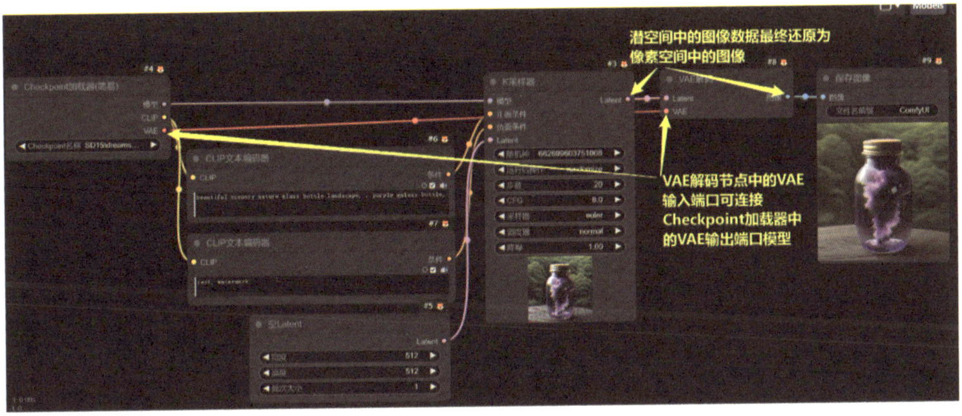

图 4－30　VAE 解码节点设置

在整个文生图的工作流节点连接方式中，一定要注意节点之间只有相同颜色的输出与输入端口才能够相互连接，颜色表明了该端口的数据类型，不同的数据类型不能够连接。最后单击 ComfyUI 操作界面右下角的“执行队列”按钮即可进行生图，如图 4－31 所示。

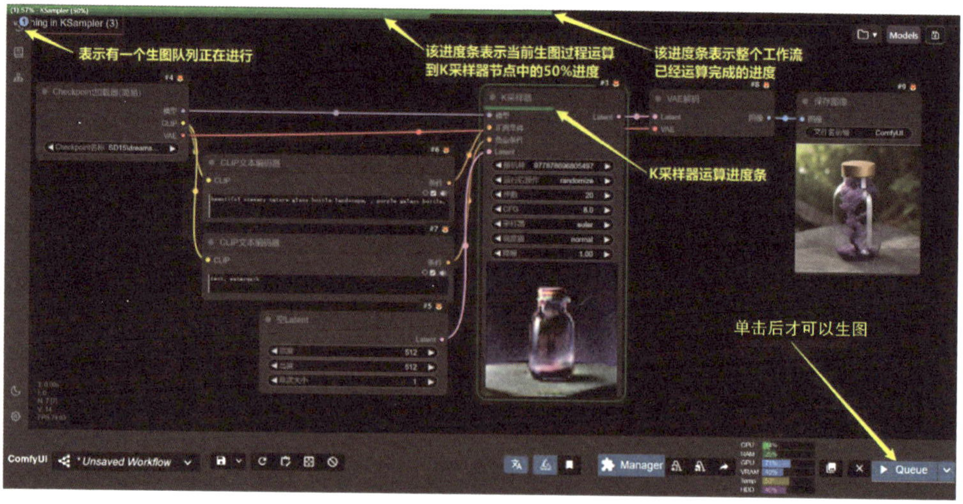

图 4 - 31　执行队列进度查看

4.3.5　核心节点参数解析

1. CLIP 设置停止层节点

文本被编码成嵌入向量的过程是通过 CLIP 模型的多层变换实现的。虽然传统的扩散模型通常根据 CLIP 模型的最后一层的输出进行条件设定，但有些扩散模型是基于 CLIP 模型中的早期层的条件设定的，如果使用最后一层的输出，则可能效果不佳，如图 4 - 32 所示。

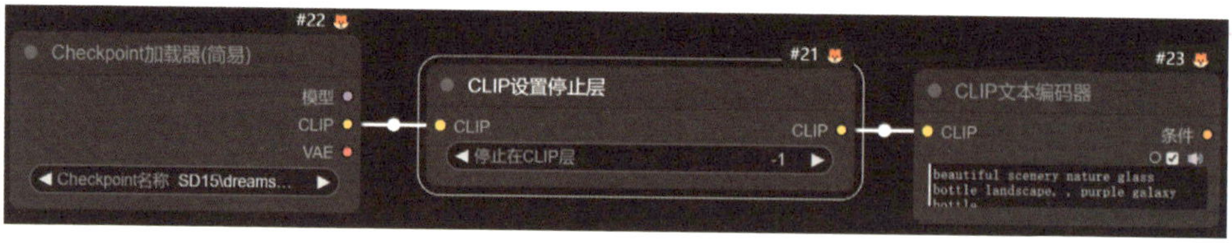

图 4 - 32　CLIP 设置停止层节点

- 输入：

  - CLIP：接收用于对 prompt 进行编码的 CLIP 模型。

- 输出：

  - CLIP：输出具有新设置输出层的 CLIP 模型。

- 参数：

  - 停止在 CLIP 层：设置 CLIP 模型在第几层进行数据输出。

- 注意：在 CLIP 模型对提示词进行编码的过程中，可以理解为对原始文本进行层层编码，该参数就是选择我们需要的一层编码信息，去引导模型扩散，一般设置为－2 即可。在模型网站下载 Checkpoint 模型时，有些作者也会说明该模型对应的 CLIP 设置停止层的推荐值。

2. CLIP 文本编码器节点

CLIP 文本编码器节点用来输入正反向提示词，如图 4－33 所示。

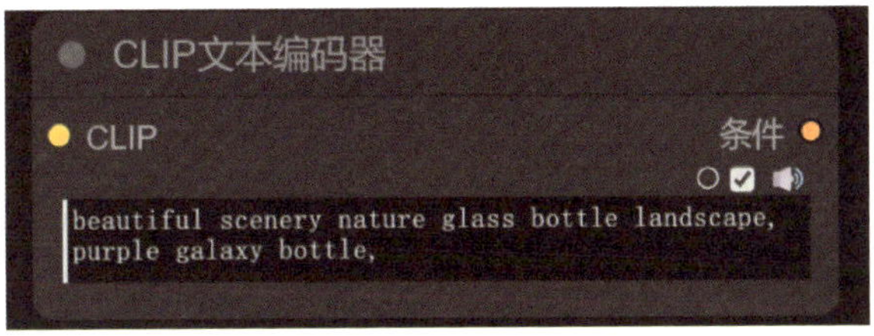

图 4－33　CLIP 文本编码器节点

- 输入：
  - CLIP：接收用于对 prompt 进行编码的 CLIP 模型。
- 输出：
  - 条件：通过 CLIP 模型将文本信息形成引导模型扩散的嵌入向量。
- 参数：
  - 文本输入框：输入需要模型生成的文本信息，正向提示词及反向提示词。
- 注意：提示词仅支持英文的输入，可通过安装插件实现中文实时翻译。

3. 加载图像节点

加载图像节点主要是从用户计算机或其他存储设备中加载图像，以便将其引入到 ComfyUI 的工作流程中，如图 4－34 所示。

- 输入：
  - choose file to upload：单击该按钮，选择想要加载的图像。
- 输出：
  - 图像：加载的图像作为输出提供给其他节点对图像进行处理或操作。
  - 遮罩：如果图像中带有 Alpha 通道信息，则可以通过该端口进行输出。如果需要新建遮罩，则可通过右击该节点在遮罩编辑器中新建遮罩，遮罩选项一般在图生图选项中作为蒙版使用。

4. 外补画板节点

外补画板节点的主要作用是扩展输入图像，以便于后续的图像向外扩展，如图 4－35 所示。

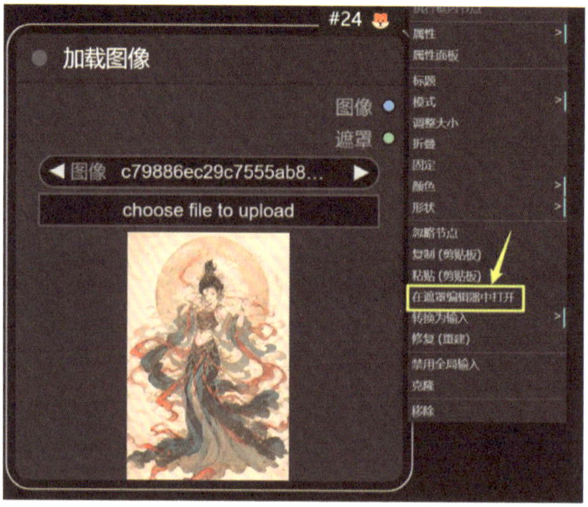

图 4－34　加载图像节点

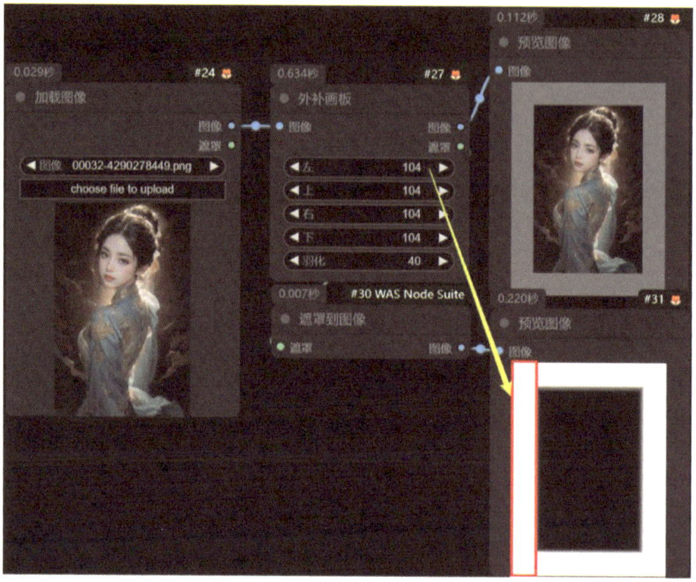

图 4－35　外补画板节点

- 输入：

  - 图像：接收加载的图像信息。

- 参数：

  - 左：设定图像左侧扩展的像素宽度。
  - 上：设定图像顶部扩展的像素宽度。
  - 右：设定图像右侧扩展的像素宽度。

- 下：设定图像底部扩展的像素宽度。
- 羽化：控制扩展的柔化程度，使扩展像素与原始图像更自然地过渡。

● 输出：

- 图像：输出扩展后的图像信息。
- 遮罩：输出扩展部分对应的蒙版，可结合羽化参数进行柔化处理。

5. VAE 内补编码器节点

VAE 内补编码器节点一般用在图生图中，可指定 VAE 模型对图像进行编码到潜空间。在以上图生图的示例中，该节点结合前面提到的外补画板节点可以用来扩展图像。图 4-36 中提示词为 picture frame（翻译成中文为“相框”），可以看到最终图像扩展了四周图像，并且以遮罩蒙版区域为限定，只绘制了遮罩区域。这个工作流类似于 SD WebUI 中介绍过的图生图局部重绘。

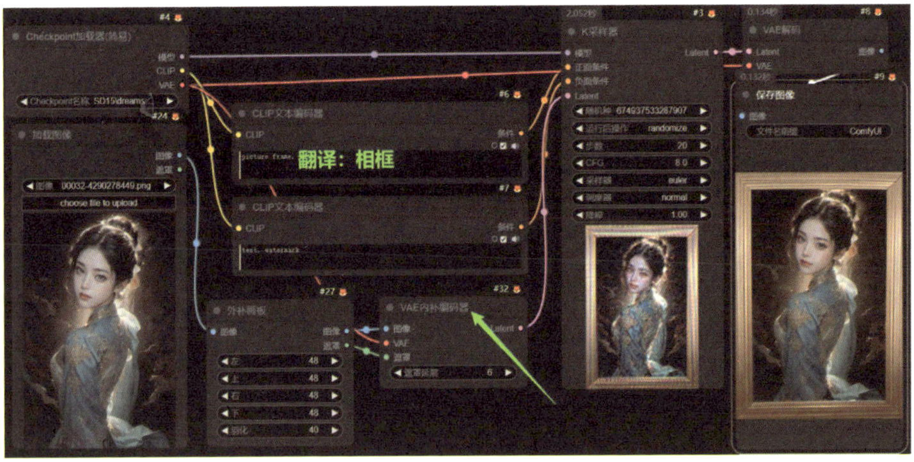

图 4-36 VAE 内补编码器节点

● 输入：

- 图像：接收输入的图像信息。
- VAE：接收输入的 VAE 模型，使用该模型进行图片编码。
- 遮罩：接收蒙版信息，用来确定图像扩散区域。

● 参数：

- 羽化：控制蒙版的羽化区域，与外补画板节点的羽化参数相似。

● 输出：

- Latent：编码后的潜空间图像信息。

6. 预览图像节点

预览图像节点用来预览图像，在生成过程有预览图像需求而不想保存图像的情况下可启用该节点，如图 4－37 所示。

图 4－37　预览图像节点

7. 图像缩放节点

图像缩放节点在保持图像的细节和质量前提下，用来放大图像分辨率尺寸，如图 4－38 所示。

图 4－38　图像缩放节点

- 输入：
  - 图像：接收需要调整的图像。
- 参数：
  - 缩放方法：选择放大图像的算法，例如，nearest-exact 表示使用最近邻插值算法。
- 宽度：调整后的图像宽度。
- 高度：调整后的图像高度。
- 裁剪：设置是否对放大后的图像进行裁剪，例如，“禁用”表示不裁剪，“中心”表示从中心对图片裁剪。

● 输出：
- 图像：输出调整之后的图像。

● 注意：图像比例需根据出图需求调整，图 4－38 的比例设置是为了更好地展示节点效果。

8. ControlNet 应用节点

ControlNet 应用节点用于在生成图像的过程加载 ControlNet 节点，如图 4－39 所示。

图 4－39 ControlNet 应用节点

● 输入：
- 条件：接收传入的条件信息，比如接收 CLIP 文本编码器处理后的文本嵌入向量，用于指导图像生成过程。
- ControlNet：加载 ControlNet 模型，SD 模型 1.5 版本和 SD 模型 XL 版本对应的 ControlNet 模型是不同的。
- 图像：加载 ControlNet 预处理图像，要注意这里输入的图片需要经过预处理器处理，非参考图原始图像。

● 参数：
- 强度：数值越高，参考图对最后生图约束越强，数值越低，约束越弱。

● 输出：
- 条件：输出包含文本嵌入向量数据。

通过 ControlNet 应用节点，可以在除提示词外引入更多约束图像生成的条件，从而生成更加精确和符合预期的图像效果，对于需要高质量和高度定制化图像的应用场景非常有用。

ComfyUI 节点库中的条件节点是一类重要节点，与嵌入向量有关，如图 4－40 所示。CLIP 文本编码器节点在接收提示词后，通过 VAE 编码器处理，将提示词转换为嵌入向量来控制生图。向量会涉及图像内容中元素的位置，所以可以理解为条件节点可以控制画面中各个元素的位置。不同于 SD WebUI 中一次只能输入一段正向与反向提示词，在 ComfyUI 中正向与方向提示词可以是好几段内容合并后形成的条件，然后再输入到 K 采样器中进行图像扩散。

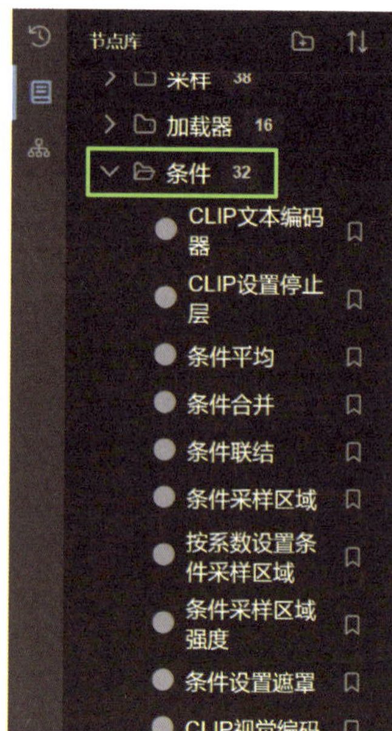

图 4－40　条件节点库

9. 条件平均节点

条件平均节点用于平均多个条件信息流，这在多个条件输入需整合时特别有用。该节点会将输入端的两个条件先进行平均处理(系数参数是控制这两个条件哪个权重更高)，平均后的条件再输入到 K 采样器进行图像扩散。具体效果如图 4－41 所示，可以看到两个正向提示词中的龙和熊猫的特征都出现在了最终的成图上，要注意这里的两段正向提示词除了主体不同外其他描述内容相同。

- 输入：
  - 条件到：需要进行整合的条件信息之一。
  - 条件从：需要进行整合的条件信息之二。
- 参数：

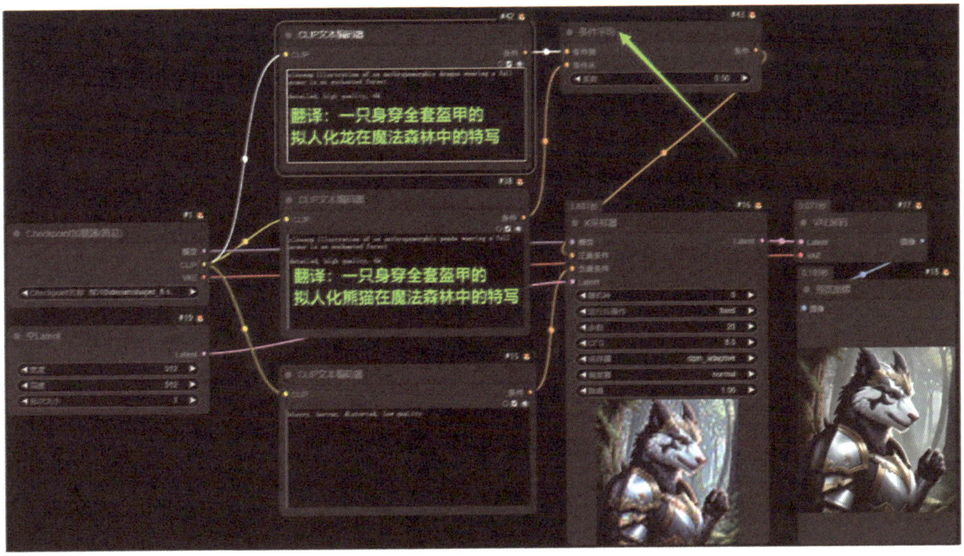

图 4-41　条件平均节点

- 系数：设置两段条件整合的强度。

● 输出：

- 条件：输出信息整合之后的条件信息。

● 注意：当系数为 1 时，图像生成过程将完全受到“条件到”的影响，而“条件从”的影响将被忽略。反之，当系数设置为 0 时，图像生成将只受“条件从”的影响，而“条件到”的影响则不会起作用。

10. 条件合并节点

条件合并节点用于将多个条件信息流合并为一个单一的条件信息流，以用于控制图像生成过程中的各个方面。该节点先不合并输入端的两个条件，而是将输入的两个条件传输到 K 采样器中，让这两个条件分别生成对应的图像噪声，当噪声生成后再进行合并。具体效果如图 4-42 所示，可以看到第一段提示词中的“红色围脖”出现在了第二段提示词中的“熊猫”身上，两段提示词的内容都得到了保留。

● 输入：

- 条件 1：需要进行信息整合的条件信息之一。
- 条件 2：需要进行信息整合的条件信息之二。

● 输出：

- 条件：输出整合之后的条件信息。

11. 设置条件时间节点

设置条件时间节点配合条件合并节点使用，可以控制两段提示词在绘图中起作

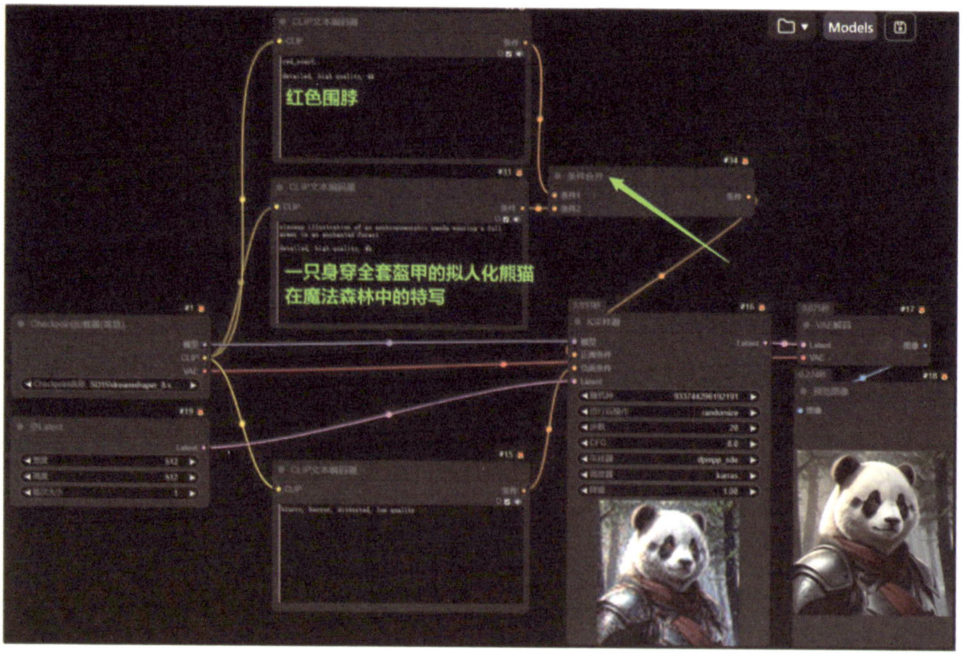

图 4-42　条件合并节点

用的时机。在图 4-43 所示的案例中，将冬季村庄与春季村庄条件进行时机合并，春季村庄相关提示词在这个出图过程全程起作用，冬季村庄相关提示词在生图过程开始到生图过程 50% 进度起作用。这样可以让冬季村庄与春季村庄相关的内容都显示在生图内容中。

图 4-43　设置条件时间节点

- 输入：
  - 条件：需要进行信息整合的条件。
- 参数：
  - 开始：输入条件在生图过程中起作用的时机。
  - 结束：输入条件在生图过程结束作用的时机。
- 输出：
  - 条件：输出整合之后的条件信息。

12. 条件采样区域节点

条件采样区域节点用于设置特定区域的图像生成过程，以精确控制生成图像的内容。该节点也需要配合条件合并节点使用。通过该节点的设置，图 4－44 中第一段提示词“沙滩和火山”与第二段提示词“哥斯拉从海中走出”是分左右区域出现在最终画面中的。

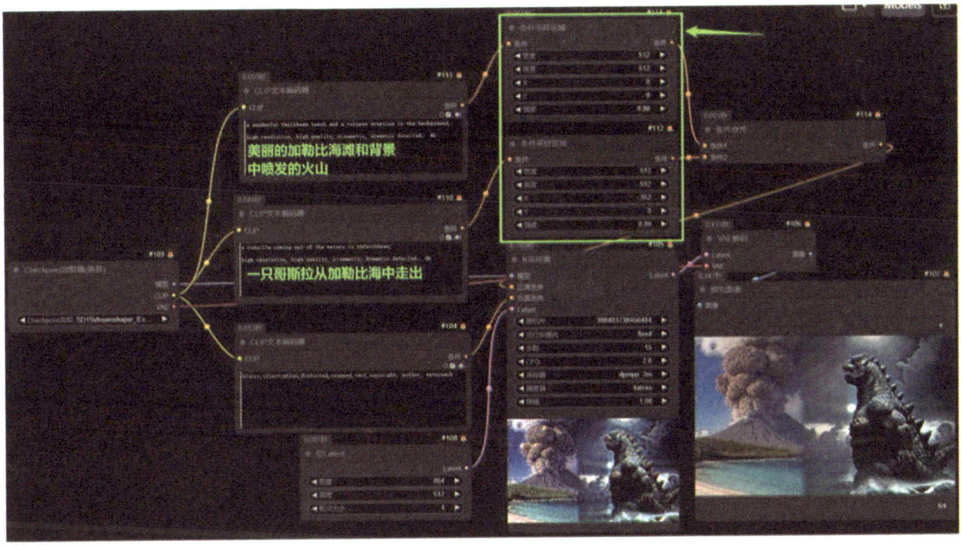

图 4－44　条件采样区域节点

- 输入：
  - 条件：接收传来的条件信息。
- 参数：
  - 宽度：控制区域的宽度。
  - 高度：控制区域的高度。
  - X：控制区域原点在生图画面像素中的 X 坐标。
  - Y：控制区域原点在生图画面像素中的 Y 坐标。

- 强度：设置条件区域的强度。

● 输出：

- 条件：进行条件采样区域限制之后输出的条件信息。

● 注意：在 ComfyUI 中，图像坐标原点在图片的左上角，如图 4－45 所示。

图 4－45　图像坐标系

在条件采样区域节点示例工作流中，虽然两端提示词对应的采样区域都在成图中得到了展现，但由于接缝很生硬导致画面内容不连贯，这时需要再接入一个包含第一段和第二段提示词的条件采样区域，并与之前的采样结果合并即可消除接缝，最终工作流如图 4－46 所示。

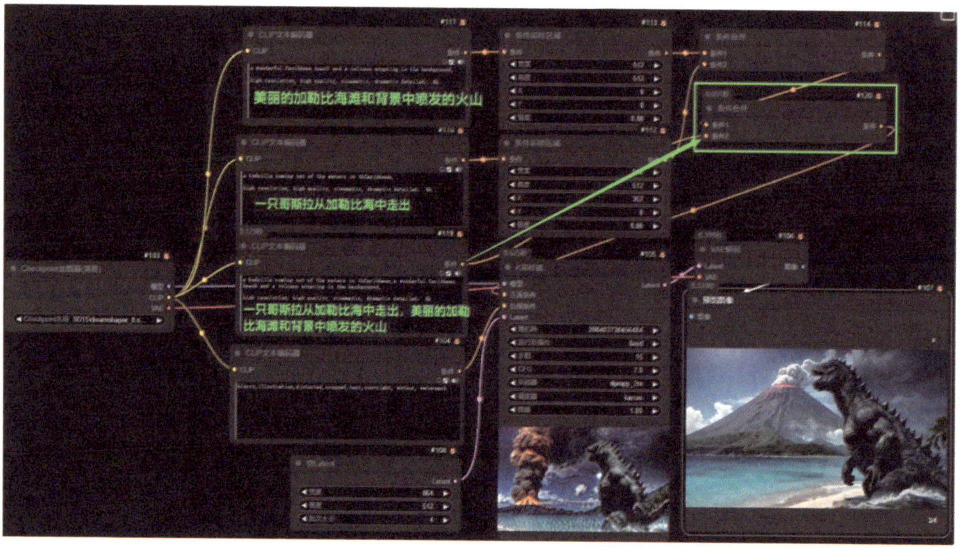

图 4－46　条件节点工作流展示

4.4 高级功能与技巧

4.4.1 创建文生图工作流

在本小节案例中将创建一个文生图工作流，该工作流相比前面工作流基础搭建原理中讲解的文生图工作流来说，增加了 Lora 模型以及 ControlNet 节点，使生图内容更加丰富。在之前的介绍中曾讲解到 ComfyUI 工作流由三部分组成，分别是条件组合、K 采样器处理（在潜空间中对图像进行处理）及 VAE 解码生成图像。接下来介绍每个部分中需要连接的节点。

1. 条件组合部分

(1) Checkpoint 模型加载节点

首先需要加载 Stable Diffusion 模型。在 ComfyUI 中，可以通过“Checkpoint 加载器”节点实现。在节点库中单击加载器节点，选择“Checkpoint 加载器（简易）”，单击该节点并拖拽到节点操作界面中即可加载，如图 4－47 所示。

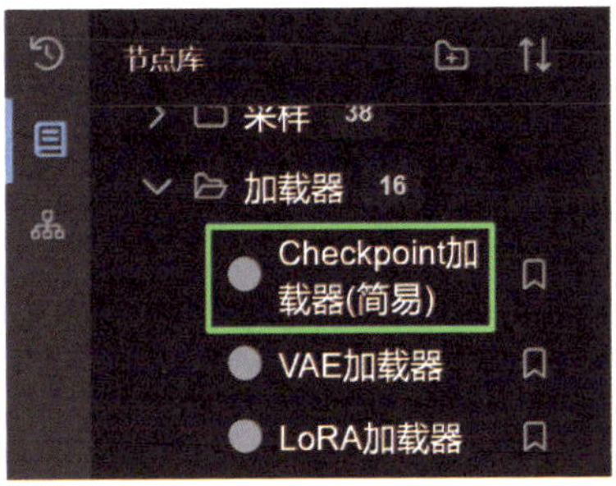

图 4－47 Checkpoint 模型加载节点

在“Checkpoint 名称”处选择用户需要的模型，这里已选择 dreamshaper_8 模型，如图 4－48 所示。

图 4－48 选择 Checkpoint 模型

(2) LoRA 加载器节点

双击节点操作区空白处，输入 LoRA 加载器后回车即可加载该节点。Lora 模型会对 Checkpoint 模型进行风格微调，因此 LoRA 加载器节点的输入端口需要与 Checkpoint 加载器输出节点颜色相同的端口相连接。LoRA 加载器节点中的模型和 CLIP 输出端口替代 Checkpoint 加载器中对应的端口，从而实现对 Checkpoint 模型的特征微调。图 4-49 是在两个 LoRA 加载器节点的参数栏中选择加载了两个Lora 模型——nijiMecha Lora 模型和 add_detail Lora 模型，分别修改其权重也就是模型强度值为 1.0 和 0.3，然后将这两个节点串联即可同时加载这两个 Lora 模型，如图 4-50 所示。

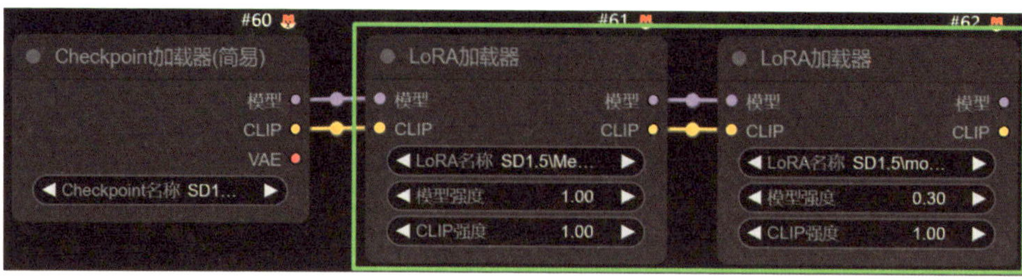

图 4-49　LoRA 加载器节点

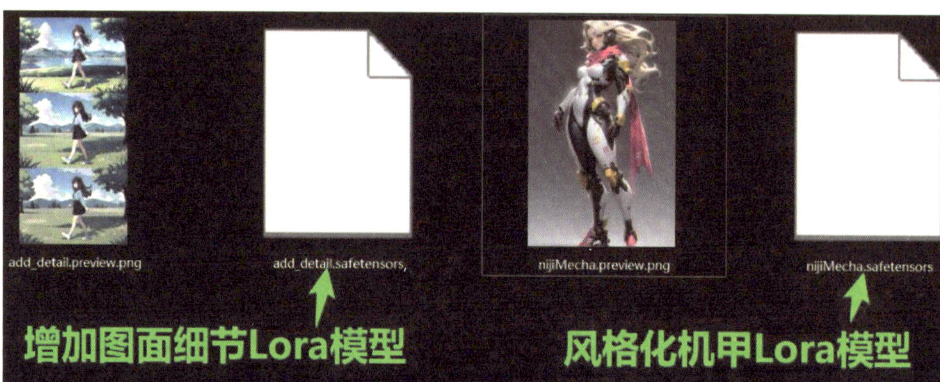

图 4-50　Lora 模型选择

(3) CLIP 文本编码器节点

双击节点操作区空白处，输入 CLIP 文本编码器后回车即可加载该节点，该节点 CLIP 输入端需要连接 LoRA 加载器输出的 CLIP 端口。这里需要两个 CLIP 文本编码器节点，一个作为正向提示词，另一个则为反向提示词。

在正向提示词输入框中输入以下提示词：

(masterpiece), (extremely intricate:1.3), (realistic), white mecha robot girl, cape, science fiction, the most beautiful in the world, medieval armor, metal reflections, upper body, outdoors, cyberpunk city background,night,professional photograph of a stunning mecha robot, detailed, sharp focus, dramatic, award winning, cinematic lighting, octane render,unreal engine, film grain, bokeh, depth of field, motion blur, chainmail。

这段提示词主要描述了"一个穿着斗篷的白色机甲机器人女孩,身上的盔甲闪闪发光,站在赛博朋克背景的户外环境中"。

反向提示词输入两个嵌入式模型即可,格式为

embedding:嵌入模型名称

CLIP 文本编码器如图 4-51 所示。

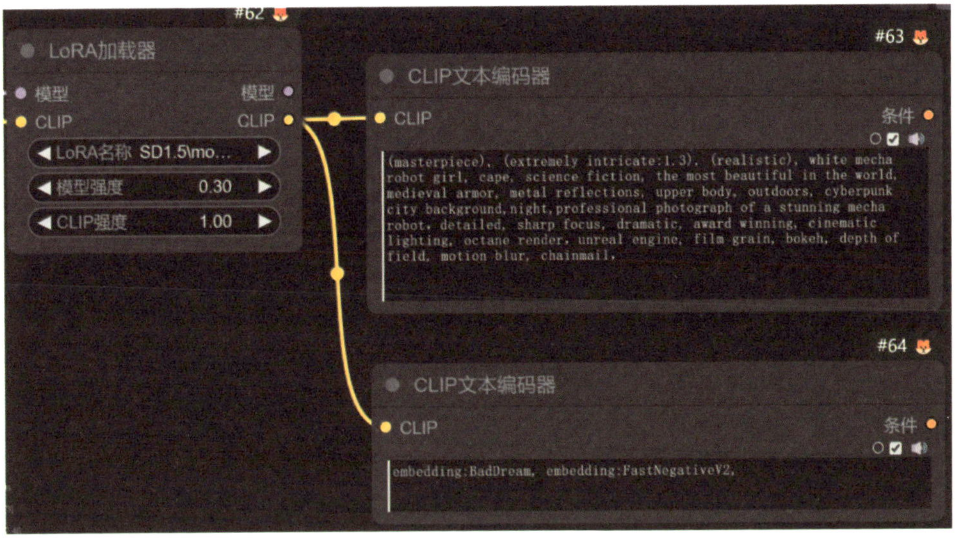

图 4-51 CLIP 文本编码器

(4) ControlNet 应用节点

该节点在接收条件后,用来加载 ControlNet 控制模型以及预处理器处理后的图像,输出为 ControlNet 节点控制后的条件。

- 该节点接收条件的端口一般和正向提示词中 CLIP 文本编码器节点的条件输出端口连接。
- 该节点的 ControlNet 输入端口需要输入一个 ControlNet 模型,可以双击节点操作区域空白处,输入 ControlNet 加载器然后回车即可加载。ControlNet 加载器节点中在 ControlNet 名称处选择 control_v11p_sd15_lineart_fp16 模型,可以输入 LineArt 线稿控制类型。

● 该节点图像输入端口需要接收经预处理器处理过的与 ControlNet 名称中所选择模型对应的图像。如图 4 - 52 所示，在节点库中选择对应的节点拖拽到节点操作区域中即可。

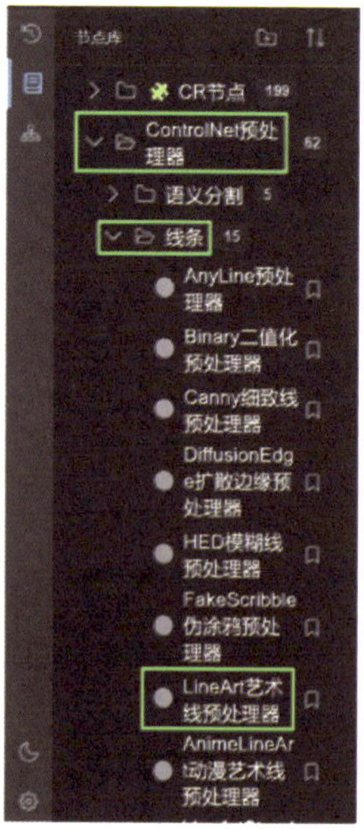

图 4 - 52　LineArt 艺术线预处理器节点 1

在 LineArt 艺术线预处理器里，节点中的图像输入端口加载了一张准备好的线稿图，节点最终连接如图 4 - 53 所示。

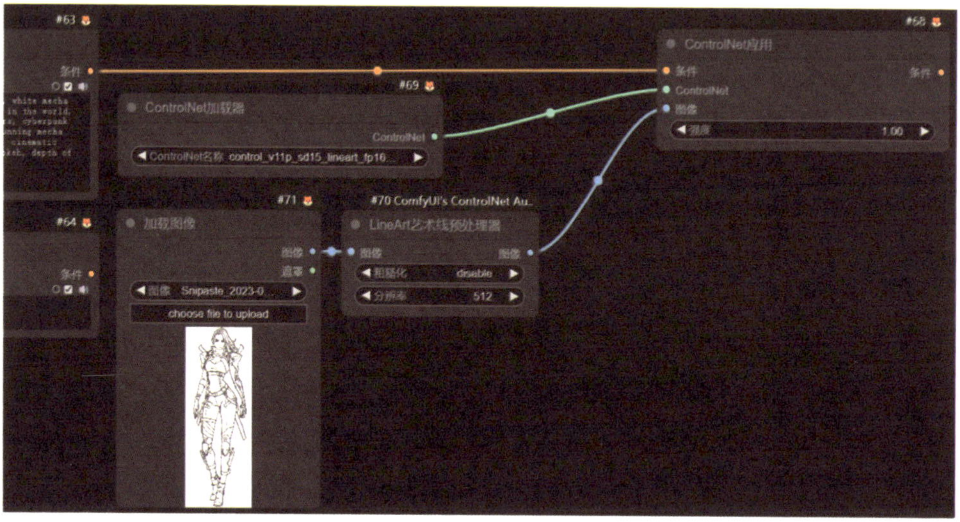

图 4 - 53　LineArt 艺术线预处理器节点 2

(5) 空 Latent 节点

该节点主要设置出图分辨率大小，同样可以双击节点操作区空白区域输入名称加载。在前面的 ControlNet 应用节点中已加载过一张线稿图，该线稿图分辨率为 530×1 368 像素。因此在该节点中可设置同样大小的分辨率来匹配参考线稿图中的尺寸。该节点输出端口为 Latent，即潜空间数据，如图 4-54 所示。

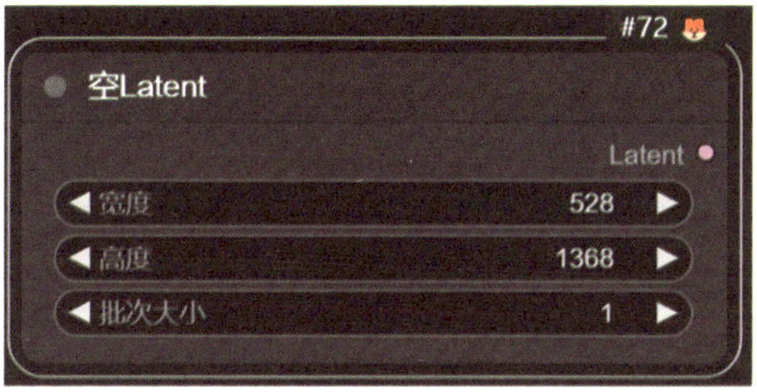

图 4-54　空 Latent 节点

2. K 采样器处理部分

双击节点操作区空白区域，输入 K 采样器然后回车即可加载 K 采样器节点。前面介绍过的条件组合中的条件都要传输到 K 采样器中。K 采样器的参数设置如图 4-55 所示，与 SD WebUI 中的参数设置原理相同。

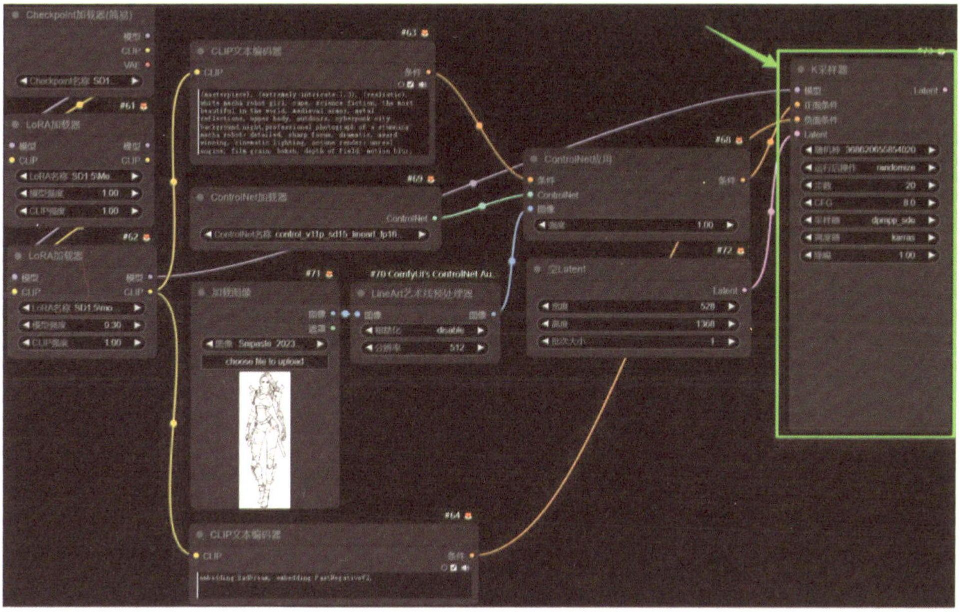

图 4-55　K 采样器处理设置

- K 采样器的模型输入端口需要连接 LoRA 加载器节点中模型输入端口。
- K 采样器的正面条件输入端口需要连接 ControlNet 应用节点的条件输出端口。
- K 采样器的负面条件输入端口需要连接反向提示词的 CLIP 文本编码器节点。
- K 采样器的 Latent 输入端口需要连接空 Latent 节点的 Latent 输出端口。

3. VAE 解码生成图像部分

K 采样器中的图像数据在潜空间中需要 VAE 模型解码才能够生成图像。加载 VAE 解码节点，该节点的 Latent 端口需要接收来自 K 采样器中 Latent 端口的潜空间数据。该节点的 VAE 端口需要输入 VAE 模型，VAE 模型在 Checkpoint 加载器节点的 VAE 输出端口中，将其连接到 VAE 解码节点中的 VAE 输入端口即可。最终整个工作流如图 4－56 所示。

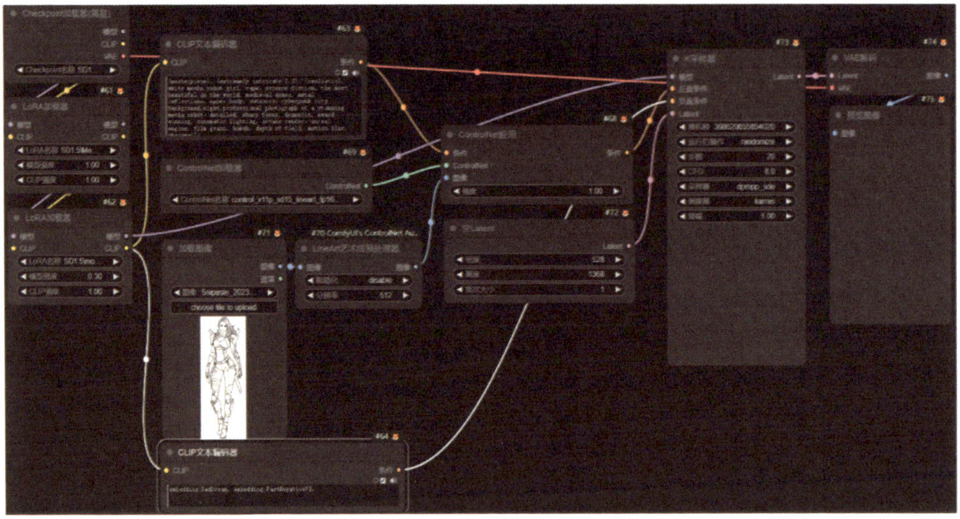

图 4－56　ComfyUI 图生图工作流(1)

图 4－57 和图 4－58 是最终成图和线稿参考图控制的对比，可以看到最终成图确实受到了 ControlNet 应用节点中线稿图像的控制。

图 4 - 57 最终成图

图 4 - 58 ControlNet 线稿

4.4.2 创建图生图工作流

在本小节案例中会创建一个图生图工作流，该工作流只需要在前面介绍的文生图工作流基础上，将空 Latent 节点替换为 VAE 编码节点即可。VAE 编码器在接收输入图像以及 VAE 模型的情况下，可以将图像转换为潜空间数据，让图像能够直接参与潜空间图像扩散运算。具体工作流如图 4 - 59 所示。

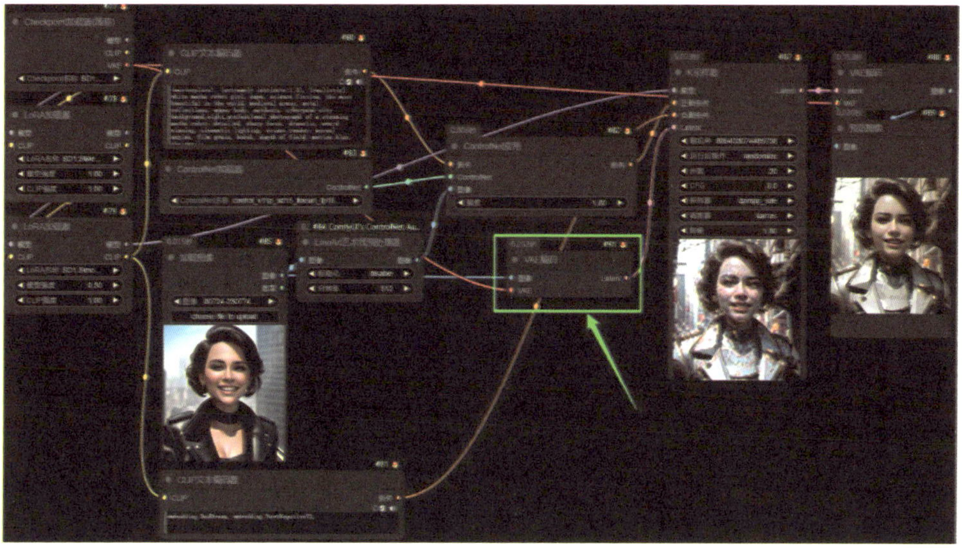

图 4 - 59 ComfyUI 图生图工作流(2)

第 5 章　综合应用与未来展望

5.1　综合应用

5.1.1　工具选择与比较

AI 视频制作平台分类如图 5－1 所示。

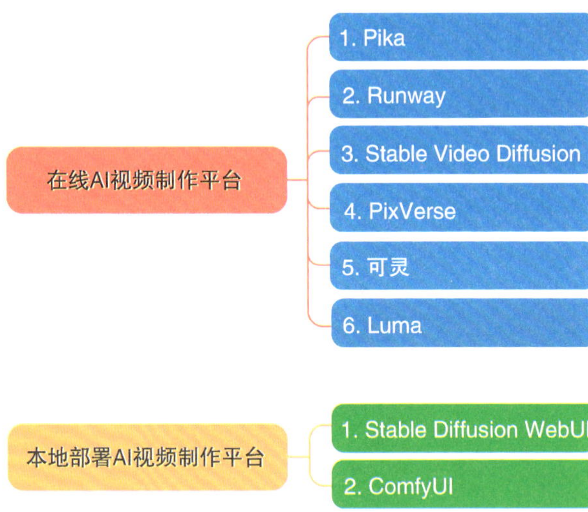

图 5－1　AI 视频制作平台分类

AI 视频生成工具目前分为在线应用与本地部署应用。视频生成 AI 在线应用，其生成视频速度快、质量好，并有开发人员一直维护更新，随着版本的迭代其效果也将越来越逼真且视频逻辑也会更加合理。但在费用方面，在线视频生成 AI 相较于本地部署的视频生成 AI，其大部分都需要付费才能使用。如果只需要生成图像与简单的视频，那么本地部署的 AI 应用足以应付大部分生图任务，SD WebUI 与 ComfyUI 是两个很不错的文生图与图生图应用，两者的对比如表 5－1 所列。

表 5-1 SD WebUI 与 ComfyUI 对比

维　度	SD WebUI	ComfyUI
界面操作	模块化参数输入框类型交互界面，输入界面直观适合新手入门	节点类型交互界面，自定义属性强，可玩性更强
配置要求	相比 ComfyUI，其对计算机配置要求高，同样出图尺寸对硬件资源占用高，待机状态下更耗电	对计算机配置要求低一些，可实时查看硬件资源占用情况
AI 视频生成	可进行简单的视频风格转绘，简单的动图类视频生成	可进行复杂且内容多样的视频风格转绘，视频生成节点可调节参数多
功能对比	可满足基本的文生图与图生图等功能，插件类型多样，可玩儿性高	可连接不同节点任意定制出图任务可单独作为其他软件的插件使用
使用情况	适合初学者使用	适合已经熟练掌握 SD WebUI 的学者使用，可作为云端开发 AI 绘画软件的后端

5.1.2 不同工具结合使用策略

传统的视频拍摄制作流程通常是从制作人绘制脚本开始，也就是规划每段画面所要呈现的内容开始，然后依据脚本的构图、色彩及主题用设备进行拍摄。其中，在确定每段视频的内容时需要画出手稿图，这对制作人的美术要求比较高。而如今，有了 AI 生成图像和视频应用的辅助，制作人只需要写好提示词以及上传好参考图就可以生成一张预期的图片和视频，生成速度快且美学质量合格。在第 2 章在线 AI 视频制作平台中所介绍的大部分在线 AI 视频生成应用都支持通过首尾帧来生成一段视频，因此借助 AI 生成图像与视频工具就可以轻松制作一部小短片，具体流程如图 5-2 所示，以 Luma 为例。

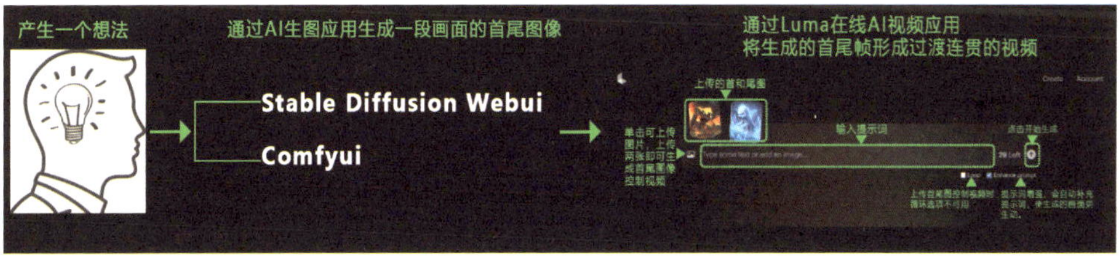

图 5-2 不同 AI 工具组合使用

5.2 未来展望

5.2.1 技术挑战与解决方案

2023 年是大模型元年，从文本大模型 ChatGPT，到图片生成模型 Midjourney、Stable Diffusion，技术的发展日新月异，大模型正悄无息地融入到人们的生活中。在文生图与图生图大模型领域迅速发展与迭代的同时，视频生成技术及其大模型亦在逐步推出与发布。例如，Runway 发布了 Gen－3，可以快速生成高质量的短视频；Stability AI 开源了文生视频的扩散模型 Stable Video Diffusion；Dream Machine 发布了 Luma 视频生成应用等，每一次市场上视频大模型的发布，都伴随着显著的技术革新与进步。

与此同时，国内科研机构和企业大厂在人工智能领域也加大投入，纷纷推出了视频生成与编辑的模型和工具，以应对行业发展需求，包括清华新闻学院元宇宙文化实验室、清华人工智能研究院、复旦大学、智源研究院、阿里达摩院、字节跳动、百度、快手等都已在大力布局 AI 视频领域，一众视频生成模型、工具和多模态大模型呈现出百花齐放、百家争鸣之势，力争让用户可以轻松高效地完成艺术视频创作。未来两年内，文生视频、图生视频、语音生视频等多模态大模型所展现出的视频生成能力，无疑成为各家竞相追逐的焦点。这一领域所蕴含的潜力与前景，将在未来各行各业发挥举足轻重的作用！

就当下的技术发展而言，视频生成相较图像生成来说具有更多挑战：软件算法中视频的流畅性、动作的准确性以及画面内容的合理性，硬件基础中更大的显卡显存以及更快的显卡运算速度等问题都是需要后续解决的。但相信不久的将来，上述的问题都将找到答案。

5.2.2 应用场景与职业规划

AI 视频生成技术实现了从技术论文的理论探索到市场应用的实践追求的成功转化。随着研究学者对 AI 在图像与视频生成领域的深耕，一系列在线及本地应用成果已日趋成熟。这些功能全面、操作便捷的强大生产力工具，能够无缝融入到人们的日常工作之中，作为提升工作效率的强大生产力工具，加速各项任务的完成进程，展现出商业化应用与产业化发展的巨大潜力。

1. 电商图面设计

在电商领域，图面设计是展示商品、吸引顾客的核心要素，其质量与效率直接影响商家的市场号召力与竞争力。传统的电商图片制作往往依赖设计师与画师的精湛技艺，一般需要耗费大量的时间和人力成本，例如需要设计师与画师进行数字绘画及摄影等，成为制约效率与成本控制的一大瓶颈。并且，商家与设计者之间对商品与市场的理解不同，也为沟通和创作增加难度，增加了无形成本。而AI生成图像与视频技术则可以通过算法和模型，迅速分析并理解对应电商的个性化需求，结合市场热点加以理解、分析、转化，进而自动生成符合商家要求的图像与视频内容。商家也可以自由调整，降低沟通误差带来的创作谬误。以此生成的电商行业所需要的图像与视频，不仅可以大幅节省制作时间，还可以降低制作成本，更能充分兼顾商家与顾客的实际需求。这种智能化的创作方式，在提升设计效率的同时，更在精准市场营销与提升用户体验方面展现出巨大潜力，为电商行业的创新发展注入新的活力。如图5-3所示为利用SD WebUI给产品增加海报背景，并可以动图的方式输出。

图5-3 电商图面设计

2. 广告短片制作

AI视频生成技术还广泛应用于各类广告和宣传短片的制作中。例如，最近网络上反响热烈的AI奥运速度短片，就是使用Luma制作的视频转场部分，其通过Luma在线AI视频制作应用中的首尾帧控制生成了多个顺畅的短片素材，如图5-4所示。

相较于传统制作方式，AI视频生成广告凭借其高效智能的特点，使广告短片能够在更短的时间内呈现出更为惊艳的视觉效果。AI视频广告的创作可以脱离人类的“极限”，区别于传统特效制作的方式与效果，创造出更加似真似幻的“不可能”的视觉奇观。AI视频广告的技术革新，在提升广告效果、增强品牌影响力、提升受众吸引力等方面展现出一定潜力，成为未来广告行业发展的重要途径。

图 5-4　广告短片制作

3. 建筑设计表现

在建筑设计这一复杂而精细的领域，设计表现是直观呈现设计理念的重要途径，其流程也历来是项目推进中的关键环节。建筑设计表现的一般流程是建筑形体草稿绘制、三维建模以及渲染，每一步都承载着设计师的创意与匠心。传统的设计表现流程往往耗时费力，难以满足现代建筑设计对高效与精准的双重要求，因此非常适合用 AI 图像生成工具来快速呈现。例如，可以通过 SD WebUI 或者 ComfyUI 来实现建筑线稿图转绘为三维效果图，如图 5-5 所示。

图 5-5　建筑设计表现

在得到三维效果图后，可以通过之前介绍的 Stable Video Diffusion 在线应用来将图片转换为动态视频，如图 5-6 所示。

在这一过程中，AI 根据设计师的意图与风格偏好，准确捕捉线稿图中的几何轮廓与空间布局，从而自动生成符合要求的三维模型。该模型具有强大的专业性基

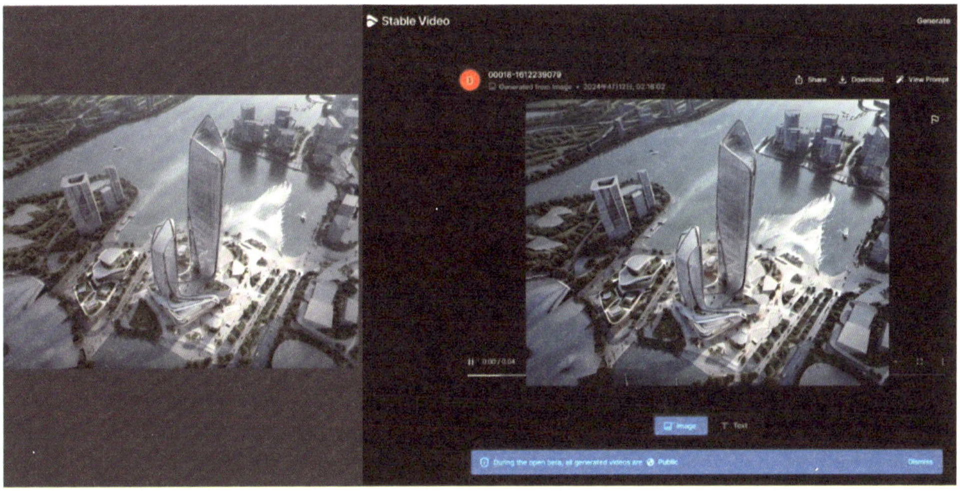

图 5-6　SVD 图片转视频

础，可以模拟真实世界的物理规律，如光照、阴影、材质反射等，即生成高度逼真的渲染效果，为设计师快速预览设计成果在不同环境下的表现提供便利。帮助设计师及时调整设计策略，确保最终的设计方案既符合功能需求，又具备艺术美感。由此以智能化的建模方式，缩短设计周期，简化设计流程，提高模型精度，提升整体灵活性，为后续的设计调整提供更多便利。

除上述三个领域外，AI 图像与视频生成技术已广泛应用在与设计有关的所有行业，展现出其无与伦比的广泛适用性与强大潜力。例如，在新闻媒体报道中，AI 可以助力生成新闻现场的真实复现，提升信息传播的效率与准确性，增强观众的沉浸感；游戏原画设计领域，AI 能够逐步胜任原画、建模、渲染工作，为游戏世界构建出深入人心的奇幻景象；影视特效制作方面，AI 可以打破传统特效制作的界限，创造出令人震撼的视觉奇观，极大地丰富影视作品的表现力。除此之外，在培训视频制作、材料合成设计以及医学影像复现等领域，AI 图像与视频生成技术同样可以简化制作流程，降低成本，在提升内容质量、增强用户体验方面展现出显著优势。这些技术的广泛应用，标志着 AI 正逐步成为设计行业不可或缺的重要力量，为人类提供了更加高效、智能、个性化的内容解决方案。

本书为广大读者提供了先人一步了解和学习视频生成技术的契机，在理解了本书知识点和掌握了 AI 视频制作技能后，读者可挑选自己感兴趣的方向进行深入研究。如果您对 AI 生成视频的底层原理与架构感兴趣，可以研究其背后的数学原理以及编程架构，可以在 AI 视频与图像生成底层架构的基础上做二次开发（海螺、可灵、即梦、堆友等这些在线 AI 生成视频的产品就是成功的例子）。当然，也可以仅专注技术的垂直应用，例如利用上述提到的 AI 图像与视频制作工具赋能各行业。具体研究领域如图 5－7 所示。

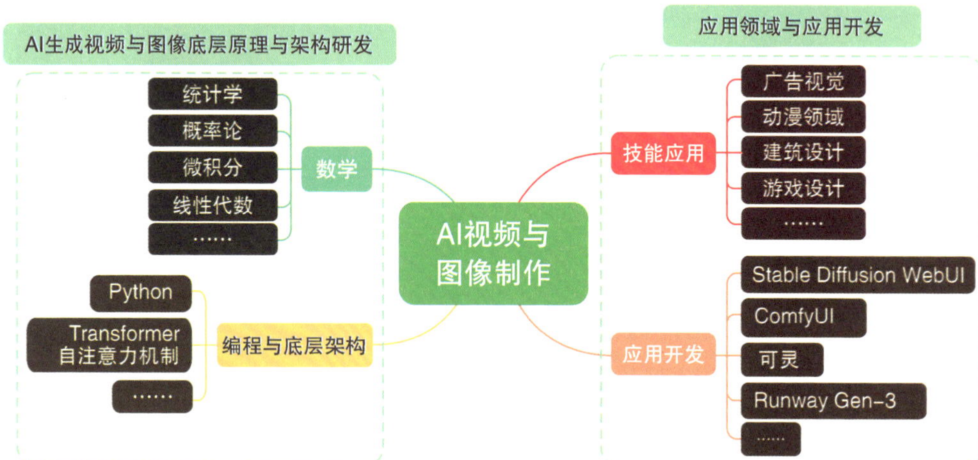

图 5－7　AI 视频与图像制作职业发展方向

附录　实用资源与常见问题解答

1. 实用资源网站

Runway Research 研究的论文：https://research.runwayml.com/selected-papers。

Gradio（创建机器学习应用的工具）：https://www.gradio.app/。

ControlNet 技术论文：https://arxiv.org/abs/2302.05543。

IC-Light 技术（给图片重新打光）：https://github.com/lllyasviel/IC-Light。

Stable Diffusion 模型网站：https://civitai.com/和 https://www.liblib.art/。

Stable Diffusion 模型中的艺术家风格：https://supagruen.github.io/StableDiffusion-CheatSheet/。

混元 DiT：https://dit.hunyuan.tencent.com/。

AnimateDiff 动画论文：https://arxiv.org/abs/2307.04725。

2. 常见问题解答(FAQ)

(1) 提示词要怎么写

可以选择“抄”作业，打开模型网站（哩布哩布 AI）后，选中意向图片后即可查看出图参数，如可查看出图提示词以及参数设置。可从提示词中学习提示词的组成以及短语的搭配，如附图-1 所示。

(2) 哪个在线 AI 视频制作平台更好用一些

就目前来说 Runway、Luma 以及可灵这三个是生成效果比较好的平台，可以在这三个平台之间多多尝试，找到适合自己的最重要。

(3) 不同的在线 AI 视频制作平台之间生成效果区别较大

不同的平台，其后台视频生成大模型不同。视频生成大模型是需要投入大量的人力以及算力来完成的，优秀的算法支持以及大量的 GPU 训练才能形成一个优秀的视频生成模型，由于在线 AI 视频制作平台的资金以及发展方向不同，其视频生成模型的质量也会有很大区别。

(4) 哪里可以持续学习 AI 生图与视频的相关知识

国内的哔哩哔哩有大量优秀的 UP 主，其制作的视频精良，可关注后持续学习。

① 秋葉 aaaki。目前哔哩哔哩网站 AI 生成图片领域的头部 UP，新人推荐去看她的视频，不仅讲解很详细，同时还有对新人极度友好的整合包和训练包使用。

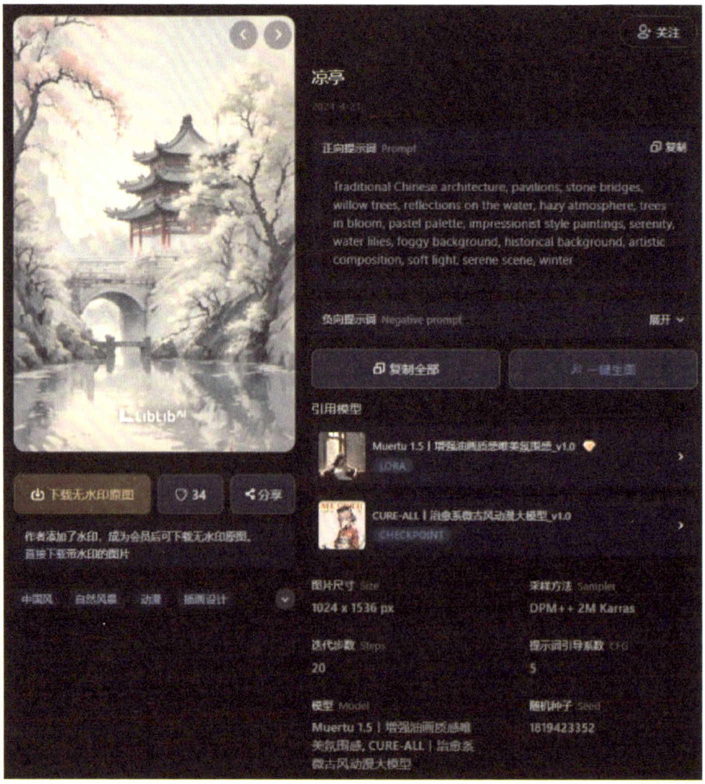

附图-1　模型网站的生图参数

② 只剩一瓶辣椒酱。ComfyUI 讲解全面的 UP 主，如果想要使用 ComfyUI，推荐系统地看完视频。同样有对新人极度友好的 AI 绘画包。

③ 琥珀青葉。LyCORIS 作者，含有讲解 Stable Diffusion 的很多基础内容。

④ 青龙圣者。AI 绘画专业领域干货分享 UP 主，涵盖了 SD、Comfy、LoRA、UI 使用、模型训练等内容。

(5) AI 作品会侵权吗

典型的 AI 绘图工具比如 Stable Diffusion 中的模型，使用时并不知道他们到底用了什么数据集来训练自己的模型，也不知道这些模型数据到底有没有授权。数据训练对于普通用户来说就是一个黑盒，其中的上一个模型数据也可能是来自其他模型，真到终端用户调用并生成成品的时候，模型训练数据基本无法溯源，也正因为有越来越多的 AI 内容被投入商用，所以更要看到技术与利益背后的风险，参考网址如下：https://www.thepaper.cn/newsDetail_forward_27357608。

参考文献

[1] BLATTMANN A，DOCKHORN T，KULAL S，et al. Stable Video Diffusion：Scaling Latent Video Diffusion Models to Large Datasets [EB/OL]. (2023-11-25)[2025-04-03]. http://arxiv.org/abs/2311.15127.

[2] BLATTMANN A，ROMBACH R，LING H，et al. Align your Latents：High-Resolution Video Synthesis with Latent Diffusion Models [EB/OL]. (2023-12-28)[2025-04-03]. http://arxiv.org/abs/2304.08818.

[3] HO J，JAIN A，ABBEEL P. Denoising Diffusion Probabilistic Models [EB/OL]. (2020-06-19)[2025-04-03]. http://arxiv.org/abs/2006.11239.

[4] PEEBLES W，XIE S. Scalable Diffusion Models with Transformers [EB/OL]. (2023-03-02)[2025-04-03]. http://arxiv.org/abs/2212.09748.

[5] RADFORD A，KIM J W，HALLACY C，et al. Learning Transferable Visual Models From Natural Language Supervision [EB/OL]. (2021-02-26)[2025-04-03]. http://arxiv.org/abs/2103.00020.

[6] ROMBACH R，BLATTMANN A，LORENZ D，et al. High-Resolution Image Synthesis with Latent Diffusion Models [EB/OL]. (2022-04-13)[2025-04-03]. http://arxiv.org/abs/2112.10752.

[7] SOHL-DICKSTEIN J，WEISS E A，MAHESWARANATHAN N，et al. Deep Unsupervised Learning using Nonequilibrium Thermodynamics [EB/OL]. (2015-11-18)[2025-04-03]. http://arxiv.org/abs/1503.03585.

[8] YE H，ZHANG J，LIU S，et al. IP-Adapter：Text Compatible Image Prompt Adapter for Text-to-Image Diffusion Models [EB/OL]. (2023-07-31)[2025-04-03]. http://arxiv.org/abs/2308.06721.